Jumalan lahja

"Jumalan armolahja on iankaikkinen elämä "

Keijo Johannes Tertsunen

Jumalan lahja

Kansikuva: ESA/Hubble

Tässä kirjassa käytetyt raamatunpaikat ovat yleisen kirkolliskokouksen vuosina 1933/ 1938 käytäntöön ottamat suomennokset.

ISBN 978-952-93-4766-7 (nid.)
ISBN 978-952-93-4767-4 (PDF)

Sisällysluettelo

Ikuisuuden alku

Voitko käyttää hetken tärkeimmän asian
ääressä mikä koskaan voi tulla eteesi,
se että luet tämän kirjan, voi muuttaa koko
sinun tulevaisuutesi.

On olemassa asia, joka ylittää
suuruudessaan kaiken, joka kuitenkin on
kaikille tarkoitettu, se on Jumalan lahja,
iankaikkinen elämä.

Miten voisimme käsittää, mitä ikuisuus on?
Yritän sitä edes jotenkin tässä hahmottaa.
Ikuisuuden ymmärtämiseksi voi ajatella mitä
on tuhannen, miljoonan tai miljardin jne.
vuoden kuluttua, rajaton aika.

Entä jos voisin matkustaa valon nopeudella
avaruuteen aina eteenpäin, eteenpäin,
eteenpäin, eteenpäin, eteenpäin,
eteenpäin... milloin matka voisi päättyä?
Vastaus on, ei koskaan,
sillä maailmankaikkeus on ääretön, rajaton.

Se voisi muuttua mutta ei loppua.
Emme voi mennä ajan alkuun, emmekä
loppuun, koska niitä ei olemassa.

Entä jos on mahdollisuus olla olemassa
satoja, tuhansia, miljoonia, miljardeja vuosia,
niin missä, millaisessa muodossa se
tapahtuu ja onko mahdollista ylipäätänsä
löytää siitä tietoa?

Kiitos Jumalalle ON
Näihin kysymyksiin Kaikkivaltias Jumala,
maan ja taivaan Luoja on antanut
vastauksen, meille pienille ihmisille tässä
suuressa maailmankaikkeudessa.

Jumala on myös ilmoittanut
olemassaolomme tarkoituksen, vaikka kaikki
eivät siitä välitä ja toisilla ei ole
mahdollisuutta sitä edes tietää, mutta sinulla
on, ja tässä kirjassa yritän kertoa siitä.

Pyytäisin sinua hetkeksi pysähtymään,
tämän erittäin tärkeän asian ääreen.

Toiset sanovat niin kuin Job: *"Olen
kyllästynyt, en tahdo elää iankaiken"*

Elämä voi olla niin kovaa että ihminen vain kaipaa ikuista unta.
Ikävää kun se ei ole mahdollista, vaikka soisin että olisi, mutta näin on totuus.
Jumala on sen meille ilmoittanut, antamalla kirjan, Raamatun, johon Hän on antanut tietoa näistä asioista.

Me näemme elokuvien kuolemattomissa hahmoissa, kuinka mielikuvitushahmot eivät kuole niin kuin muut kuolevaiset, ja se on lopulta kirous heille.

Näin olisi myös ihmisen käynyt jos hän olisi saanut ottaa elämän puusta.

*Ja Herra Jumala istutti paratiisin Eedeniin, itään, ja asetti sinne ihmisen, jonka hän oli tehnyt. Ja Herra Jumala kasvatti maasta kaikkinaisia puita, ihania nähdä ja hyviä syödä, **ja elämän puun keskelle paratiisia,** niin myös hyvän- ja pahantiedon puun.(1Moos. 2:8-9)*

Raamatun alussa kerrotaan kuinka Jumala loi taivaan ja maan, ja Hän asetti maanpäälle paratiisin, Eedeniin, paratiisin, jonka Hän ihmisen lankeemuksen jälkeen siirsi avaruuden taakse, kolmanteen taivaaseen, mistä myös apostoli Paavali kirjoitti:

Tunnen miehen, joka on Kristuksessa: neljätoista vuotta sitten hänet temmattiin **kolmanteen taivaaseen** *- oliko hän ruumiissaan, en tiedä, vai poissa ruumiista, en tiedä, Jumala sen tietää. Ja minä tiedän, että tämä mies - oliko hän ruumiissaan vai poissa ruumiista, en tiedä, Jumala sen tietää - temmattiin paratiisiin ja kuuli sanomattomia sanoja, joita ihmisen ei ole lupa puhua. (2 Kor.12:2-4)*

Elämä langenneessa tilassa ikuisesti, kantaen synnin taipumuksia mukanaan ja pääsemättä siinä tilassa koskaan Jumalan valtakuntaan, olisi ollut loppumaton kirous.

Sen tähden Jumala ajoi ihmisen pois paratiisista, valmistaen ihmiselle mahdollisuuden, päästä synnin tilasta uuteen tilaan, tilaan jossa ei ole synnin taipumuksia ja jossa voi olla Jumalan yhteydessä. Jeesus sanoi:

*Mikä lihasta on syntynyt, on liha; ja mikä
Hengestä on syntynyt, on henki. Älä
ihmettele, että minä sanoin sinulle: teidän
täytyy syntyä uudesti, ylhäältä. (Joh.3:6-7)*

Vaikka iankaikkinen elämä on loppumaton
aika, niin se on myös Jumalan elämä
sinussa, sinun hengessäsi, joka tulee sinuun
kun uskot ja vastaanotat Herraan Jeesuksen
pelastajanasi ja Herranasi.
Silloin sinun sisäinen ihmisesi eli henkesi on
uusi luomus, joka voi olla Jumalan
yhteydessä ja vapaa turmeluksesta.
Kun sitten kuolet ja henkesi siirtyy
ikuisuuteen, niin Jumala antaa sinulle uuden
katoamattoman ruumiin, joka on
iankaikkinen ja jossa ei ole pahoja himoja.

*Jolla on korva, se kuulkoon, mitä Henki
seurakunnille sanoo. Sen, joka voittaa, minä
annan syödä **elämän puusta, joka on
Jumalan paratiisissa**. (Ilm. 2:7)*

Mutta jos kuolet langenneessa tilassa,
erossa Jumalasta, niin sinua odottaa synkkä
ikuisuus, näin kertoo meille Jumalan Sana:

Ihmisille on määrätty, että heidän kerran on kuoleminen, mutta **sen jälkeen** *tulee tuomio (Hebr.9:27)*

Kysymys on siis sinun tulevaisuudestasi kuoleman jälkeen, josta kertoo myös seuraava Jumalan ilmoitus, jonka Hän näytti tulevaisuudesta apostoli Johannekselle:

Ja minä näin kuolleet, *suuret ja pienet, seisomassa valtaistuimen edessä, ja kirjat avattiin; ja avattiin toinen kirja, joka on elämän kirja; ja* **kuolleet tuomittiin sen perusteella, mitä kirjoihin oli kirjoitettu, tekojensa mukaan.**

Ja meri antoi ne kuolleet, jotka siinä olivat, ja Kuolema ja Tuonela antoivat ne kuolleet, jotka niissä olivat, ja **heidät tuomittiin, kukin tekojensa mukaan.**

Ja Kuolema ja Tuonela heitettiin tuliseen järveen. Tämä on toinen kuolema, tulinen järvi. Ja **joka ei ollut elämän kirjaan kirjoitettu, se heitettiin tuliseen järveen**. *(Ilm.20:12-15)*

Suurin lahja

Pienikin mahdollisuus joutua tuliseen järveen on aivan hirveä asia, ja on aivan liian suuri riski jättää tuollainen uhka huomioimatta. Jumala kertoo meille, miten voit välttää iankaikkisen tuomion, olemassaolon paikassa minkä kuvaaminen on mahdotonta, mutta pahinta on siellä, ettei se koskaan lopu, se on iankaikkinen tuomio.

Siksi pyydän sinua vastaanottamaan lahjan. Usko minua, se on parasta mitä sinulle voi milloinkaan tapahtua.
Sen voit vastaanottaa vaikka yksinäisyydessä, kääntymällä rukouksessa Jumalan puoleen missä vain.
Jumala on kaikkialla ja Hän kuulee sinua heti kun puhut Hänelle, voit rukoilla vaikka näin:

Herra Jeesus Kristus pelasta minut, anna kaikki syntini anteeksi ja tule sydämeeni nyt, minä vastaanotan sinut pelastajakseni ja elämäni Herraksi nyt, kiitos Jeesus.

Sillä jos sinä tunnustat suullasi Jeesuksen Herraksi ja uskot sydämessäsi, että Jumala on hänet kuolleista herättänyt, niin sinä pelastut; (Room. 10:9)

Sillä niin on Jumala maailmaa (SINUA) rakastanut, että Hän antoi ainokaisen Poikansa, ettei yksikään, joka Häneen uskoo, hukkuisi, vaan hänellä olisi iankaikkinen elämä.

Sillä ei Jumala lähettänyt Poikaansa maailmaan tuomitsemaan maailmaa, vaan sitä varten, että maailma Hänen kauttansa pelastuisi.

Joka uskoo Häneen, sitä ei tuomita; mutta joka ei usko, se on jo tuomittu, koska hän ei ole uskonut Jumalan ainokaisen Pojan nimeen. (Joh.3:16-18)

Ajattele, kuinka yksinkertaista, "Joka uskoo Häneen, Jeesukseen Kristukseen, sitä ei tuomita", huomaa, vain usko Jeesukseen Kristukseen pelastaa sinut. Jeesus Kristus kuoli ristillä sinun syntiesi vuoksi ja siksi Hänessä on sinulle syntien anteeksi saaminen, Hän on sovittanut kaikki sinun syntisi, usko ainoastaan, vain usko.

*Sillä synnin palkka on kuolema, mutta Jumalan **armolahja on iankaikkinen elämä** Kristuksessa Jeesuksessa, meidän Herrassamme. (Room. 6:23)*

Jos et vielä sanonut tätä rukousta, ja tapahtuu sinulle että yllättäen kuolet ja huomaat olevasi irti ruumiistasi, niin huuda silloin: **Jeesus Kristus pelasta minut !**

Mutta en ole varma, onko sinulla silloin enää uskoa, tai mahdollisuutta tehdä sitä, **parempi on ettet ota riskiä näin suuressa asiassa**, vaan huudat tänä päivänä avuksi Herran nimeä.
Nyt on pelastuksen päivä.

Saat myös uuden yltäkylläisen elämän Jumalan yhteydessä, voiman tehdä parannuksen ja elää vapaana orjuudesta. Mutta ennen kaikkea, iankaikkisen elämän.

Ei ole mitään mistä Jumala ei voi vapauttaa, Jumalalla on voima ja kyky siihen.

*Sillä siksi me vaivaa näemme ja kilvoittelemme, että olemme panneet toivomme elävään **Jumalaan, joka on kaikkien ihmisten vapahtaja**, varsinkin uskovien. (1Ti 4:10)*

Niin Jeesus sanoi niille juutalaisille, jotka uskoivat häneen: "Jos te pysytte minun sanassani, niin te totisesti olette minun opetuslapsiani; ja te tulette tuntemaan totuuden, ja totuus on tekevä teidät vapaiksi".
*He vastasivat hänelle: "Me olemme Aabrahamin jälkeläisiä emmekä ole koskaan olleet kenenkään orjia. Kuinka sinä sitten sanot: **'Te tulette vapaiksi'**?" Jeesus vastasi heille:*
*"Totisesti, totisesti minä sanon teille: **jokainen, joka tekee syntiä, on synnin orja**. Mutta orja ei pysy talossa iäti; Poika pysyy iäti.*
Jos siis Poika tekee teidät vapaiksi, niin te tulette todellisesti vapaiksi.
(Joh.8:31-36)

13

Olemassaolon lahja

Jumala loi ihmisen rakkautensa kohteeksi. Niin kuin monet rakastuneet ihmiset haluavat yhteisen lapsen jota he sitten rakastavat, suojelevat ja huolehtivat. Isä ja äiti jotka iloitsevat lapsen ilosta ja onnesta, ja haluavat lapsen parasta. Niin tämä on vain kalpea heijastus siitä, kuinka Jumala haluaa lapsia, joita Hän saa rakastaa ja joista huolehtia. Ja siksi Jumala loi ihmisen omaksi kuvakseen, lapsekseen, ei lemmikikseen, ei palvelijakseen, ei vain osaksi luomakuntaa. Hän teki sinut, jotta Hänellä olisi joku, jolle Hän voi osoittaa rakkauttaan, joka olisi Hänen kanssaan yhdessä, ja jolle Hän on valmistanut koko maailmankaikkeuden ja paljon enemmän. Meidän olemassaolomme tarkoitus, on ennen kaikkea olla Jumalan lapsia, Hän on meidän taivaallinen Isämme, joka haluaa että tuntisimme Häntä yhä enemmän ja sitä kautta oppisimme luottamaan Häneen ja rakastamaan Häntä.

Ja Jumala loi ihmisen omaksi kuvaksensa, Jumalan kuvaksi Hän hänet loi; mieheksi ja naiseksi Hän loi heidät.
(1 Moos.1:27)

Ylistetty olkoon meidän Herramme Jeesuksen Kristuksen Jumala ja Isä, joka on siunannut meitä taivaallisissa kaikella hengellisellä siunauksella Kristuksessa,

*niin kuin Hän ennen maailman perustamista oli Hänessä valinnut meidät olemaan pyhät ja nuhteettomat Hänen edessään, rakkaudessa, **edeltäpäin määräten meidät lapseuteen, Hänen yhteyteensä Jeesuksen Kristuksen kautta**,*

*Hänen oman tahtonsa mielisuosion mukaan, sen armonsa kirkkauden kiitokseksi, minkä **Hän on lahjoittanut meille siinä rakastetussa**,*
(Ef.1:3-6)

Iankaikkisen elämän Sanat

Totisesti, totisesti Minä sanon teille: **joka uskoo, sillä on iankaikkinen elämä.** *(Joh.6:47)*

Henki on se, joka eläväksi tekee; ei liha mitään hyödytä. **Ne sanat, jotka minä olen teille puhunut, ovat henki ja ovat elämä.** *Mutta teissä on muutamia, jotka eivät usko." Sillä Jeesus tiesi alusta asti, ketkä ne olivat, jotka eivät uskoneet, ja kuka se oli, joka oli kavaltava hänet.*
Ja hän sanoi: "Sen tähden minä olen sanonut teille, ettei kukaan voi tulla minun tyköni, ellei minun Isäni sitä hänelle anna".
Tämän tähden monet hänen opetuslapsistaan vetäytyivät pois eivätkä enää vaeltaneet hänen kanssansa.
Niin Jeesus sanoi niille kahdelletoista: "Tahdotteko tekin mennä pois?" Simon Pietari vastasi hänelle: "Herra, kenen tykö me menisimme? **Sinulla on iankaikkisen elämän sanat;** *(Joh.6:63-68)*

Minä olen tullut valkeudeksi maailmaan, ettei yksikään, joka minuun uskoo, jäisi pimeyteen.

Ja jos joku kuulee minun sanani eikä niitä noudata, niin häntä en minä tuomitse; sillä en minä ole tullut maailmaa tuomitsemaan, vaan pelastamaan maailman.

Joka katsoo minut ylen eikä ota vastaan minun sanojani, hänellä on tuomitsijansa: se sana, jonka minä olen puhunut, se on tuomitseva hänet viimeisenä päivänä.

Sillä en minä itsestäni ole puhunut, vaan Isä, joka on minut lähettänyt, on itse antanut minulle käskyn, mitä minun pitää sanoman ja mitä puhuman.

*Ja minä tiedän, että **Hänen käskynsä on iankaikkinen elämä**. Sen tähden, minkä minä puhun, sen minä puhun niin, kuin Isä on minulle sanonut." (Joh.12:46-50)*

*Ja tämä on se lupaus, minkä Hän on meille luvannut: **iankaikkinen elämä**. (1 Joh.2:25)*

Joka uskoo Jumalan Poikaan, hänellä on todistus itsessänsä; joka ei usko Jumalaa, tekee hänet valhettelijaksi, koska hän ei usko sitä todistusta, jonka Jumala on todistanut Pojastansa.

Ja tämä on se todistus: **Jumala on antanut meille iankaikkisen elämän, ja tämä elämä on Hänen Pojassansa.**

Jolla Poika on, sillä on elämä; jolla Jumalan Poikaa ei ole, sillä ei ole elämää.
Tämän minä olen kirjoittanut teille, jotka uskotte Jumalan Pojan nimeen, **tietääksenne, että teillä on iankaikkinen elämä.** *(1 Joh.5:10-13)*

"hänellä on todistus itsessänsä"

Jumala antaa jokaiselle todistuksen, ja me voimme tietämällä tietää omistavamme iankaikkisen elämän.
Se tuo valtavan ilon elämään, kun tietää ja käsittää, kuinka suuren aarteen omistaa ja minne menee kun siirtyy ajasta ikuisuuteen.

Raamattu 1938

Evankeliumi Johanneksen mukaan

1 LUKU

1. Alussa oli Sana, ja Sana oli Jumalan tykönä, ja Sana oli Jumala.

2. Hän oli alussa Jumalan tykönä.

3. Kaikki on saanut syntynsä hänen kauttaan, ja ilman häntä ei ole syntynyt mitään, mikä syntynyt on.

4. Hänessä oli elämä, ja elämä oli ihmisten valkeus.

5. Ja valkeus loistaa pimeydessä, ja pimeys ei sitä käsittänyt.

6. Oli mies, Jumalan lähettämä; hänen nimensä oli Johannes.

7. Hän tuli todistamaan, todistaaksensa valkeudesta, että kaikki uskoisivat hänen kauttansa.

8. Ei hän ollut se valkeus, mutta hän tuli valkeudesta todistamaan.

9. Totinen valkeus, joka valistaa jokaisen ihmisen, oli tulossa maailmaan.

10. Maailmassa hän oli, ja maailma on hänen kauttaan saanut syntynsä, ja maailma ei häntä tuntenut.

11. Hän tuli omiensa tykö, ja hänen omansa eivät ottaneet häntä vastaan.

12. Mutta kaikille, jotka ottivat hänet vastaan, hän antoi voiman tulla Jumalan lapsiksi, niille, jotka uskovat hänen nimeensä,

13. jotka eivät ole syntyneet verestä eikä lihan tahdosta eikä miehen tahdosta, vaan Jumalasta.

14. Ja Sana tuli lihaksi ja asui meidän keskellämme, ja me katselimme hänen kirkkauttansa, senkaltaista kirkkautta, kuin ainokaisella Pojalla on Isältä; ja hän oli täynnä armoa ja totuutta.

15. Johannes todisti hänestä ja huusi sanoen: "Tämä on se, josta minä sanoin: se, joka minun jälkeeni tulee, on ollut minun edelläni, sillä hän on ollut ennen kuin minä."

16. Ja hänen täyteydestään me kaikki olemme saaneet, ja armoa armon päälle.

17. Sillä laki on annettu Mooseksen kautta; armo ja totuus on tullut Jeesuksen Kristuksen kautta.

18. Ei kukaan ole Jumalaa milloinkaan nähnyt; ainokainen Poika, joka on Isän helmassa, on hänet ilmoittanut.

19. Ja tämä on Johanneksen todistus, kun juutalaiset lähettivät hänen luoksensa Jerusalemista pappeja ja leeviläisiä kysymään häneltä: "Kuka sinä olet?"

20. Ja hän tunnusti eikä kieltänyt; ja hän tunnusti: "Minä en ole Kristus."

21. Ja he kysyivät häneltä: "Mikä sitten? Oletko sinä Elias?" Hän sanoi: "En ole." "Se profeettako olet?" Hän vastasi: "En."

22. Niin he sanoivat hänelle: "Kuka olet, että voisimme antaa vastauksen niille, jotka meidät lähettivät? Mitä sanot itsestäsi?"

23. Hän sanoi: "Minä olen huutavan ääni erämaassa: 'Tehkää tie tasaiseksi Herralle', niinkuin profeetta Esaias on sanonut."

24. Ja lähetetyt olivat fariseuksia;

25. ja he kysyivät häneltä ja sanoivat hänelle: "Miksi sitten kastat, jos et ole Kristus etkä Elias etkä se profeetta?"

26. Johannes vastasi heille sanoen: "Minä kastan vedellä; mutta teidän keskellänne seisoo hän, jota te ette tunne.

27. Hän on se, joka tulee minun jälkeeni ja jonka kengänpaulaa minä en ole arvollinen päästämään."

28. Tämä tapahtui Betaniassa, Jordanin tuolla puolella, jossa Johannes oli kastamassa.

29. Seuraavana päivänä hän näki Jeesuksen tulevan tykönsä ja sanoi: "Katso, Jumalan Karitsa, joka ottaa pois maailman synnin!

30. Tämä on se, josta minä sanoin: 'Minun jälkeeni tulee mies, joka on ollut minun edelläni, sillä hän on ollut ennen kuin minä.'

31. Ja minä en tuntenut häntä; mutta sitä varten, että hän tulisi julki Israelille, minä olen tullut vedellä kastamaan."

32. Ja Johannes todisti sanoen: "Minä näin Hengen laskeutuvan taivaasta alas niin kuin kyyhkysen, ja se jäi hänen päällensä.

33. Ja minä en tuntenut häntä; mutta hän, joka lähetti minut vedellä kastamaan, sanoi minulle: 'Se, jonka päälle sinä näet Hengen laskeutuvan ja jäävän, hän on se, joka kastaa Pyhällä Hengellä.'

34. Ja minä olen sen nähnyt ja olen todistanut, että tämä on Jumalan Poika."

35. Seuraavana päivänä Johannes taas seisoi siellä ja kaksi hänen opetuslapsistansa.

36. Ja kiinnittäen katseensa Jeesukseen, joka siellä käveli, hän sanoi: "Katso, Jumalan Karitsa!"

37. Ja ne kaksi opetuslasta kuulivat hänen näin puhuvan ja seurasivat Jeesusta.

38. Niin Jeesus kääntyi ja nähdessään heidän seuraavan sanoi heille: "Mitä te etsitte?" He vastasivat hänelle: "Rabbi" - se on käännettynä: opettaja - "missä sinä majailet?"

39. Hän sanoi heille: "Tulkaa ja katsokaa." Niin he menivät ja näkivät, missä hän majaili, ja viipyivät hänen tykönään sen päivän. Silloin oli noin kymmenes hetki.

40. Andreas, Simon Pietarin veli, oli toinen niistä kahdesta, jotka olivat kuulleet, mitä Johannes sanoi, ja seuranneet Jeesusta.

41. Hän tapasi ensin veljensä Simonin ja sanoi hänelle: "Me olemme löytäneet Messiaan", se on käännettynä: Kristus.

42. Ja hän vei hänet Jeesuksen tykö. Jeesus kiinnitti katseensa häneen ja sanoi: "Sinä olet Simon, Johanneksen poika; sinun nimesi on oleva Keefas", joka käännettynä on Pietari.

43. Seuraavana päivänä Jeesus tahtoi lähteä Galileaan; ja hän tapasi Filippuksen ja sanoi hänelle: "Seuraa minua."

44. Ja Filippus oli Beetsaidasta, Andreaan ja Pietarin kaupungista.

45. Filippus tapasi Natanaelin ja sanoi hänelle: "Me olemme löytäneet sen, josta Mooses laissa ja profeetat ovat kirjoittaneet, Jeesuksen, Joosefin pojan, Nasaretista."

46. Natanael sanoi hänelle: "Voiko Nasaretista tulla mitään hyvää?" Filippus sanoi hänelle: "Tule ja katso."

47. Jeesus näki Natanaelin tulevan tykönsä ja sanoi hänestä: "Katso, oikea israelilainen, jossa ei vilppiä ole!"

48. Natanael sanoi hänelle: "Mistä minut tunnet?" Jeesus vastasi ja sanoi hänelle: "Ennenkuin Filippus sinua kutsui, kun olit viikunapuun alla, näin minä sinut."

49. Natanael vastasi ja sanoi hänelle: "Rabbi, sinä olet Jumalan Poika, sinä olet Israelin kuningas."

50. Jeesus vastasi ja sanoi hänelle: "Sen tähden, että minä sanoin sinulle: 'minä näin sinut viikunapuun alla', sinä uskot. Sinä saat nähdä suurempia, kuin nämä ovat."

51. Ja hän sanoi hänelle: "Totisesti, totisesti minä sanon teille: te saatte nähdä taivaan avoinna ja Jumalan enkelien nousevan ylös ja laskeutuvan alas Ihmisen Pojan päälle."

2 LUKU

1. Ja kolmantena päivänä oli häät Galilean Kaanassa, ja Jeesuksen äiti oli siellä.

2. Ja myös Jeesus ja hänen opetuslapsensa olivat kutsutut häihin.

3. Ja kun viini loppui, sanoi Jeesuksen äiti hänelle: "Heillä ei ole viiniä."

4. Jeesus sanoi hänelle: "Mitä sinä tahdot minusta, vaimo? Minun aikani ei ole vielä tullut."

5. Hänen äitinsä sanoi palvelijoille: "Mitä hän teille sanoo, se tehkää."

6. Niin oli siinä juutalaisten puhdistamistavan mukaan kuusi kivistä vesiastiaa, kukin kahden tai kolmen mitan vetoinen.

7. Jeesus sanoi heille: "Täyttäkää astiat vedellä." Ja he täyttivät ne reunoja myöten.

8. Ja hän sanoi heille: "Ammentakaa nyt ja viekää edeskäyvälle." Ja he veivät.

9. Mutta kun edeskäypä maistoi vettä, joka oli muuttunut viiniksi, eikä tiennyt, mistä se oli tullut - mutta palvelijat, jotka veden olivat ammentaneet, tiesivät sen - kutsui edeskäypä yljän

10. ja sanoi hänelle: "Jokainen panee ensin esille hyvän viinin ja sitten, kun juopuvat, huonomman. Sinä olet säästänyt hyvän viinin tähän asti."

11. Tämän ensimmäisen tunnustekonsa Jeesus teki Galilean Kaanassa ja ilmoitti kirkkautensa; ja hänen opetuslapsensa uskoivat häneen.

12. Sen jälkeen hän meni alas Kapernaumiin, hän ja hänen äitinsä ja veljensä ja opetuslapsensa; ja siellä he eivät viipyneet monta päivää.

13. Ja juutalaisten pääsiäinen oli lähellä, ja Jeesus meni ylös Jerusalemiin.

14. Niin hän tapasi pyhäkössä ne, jotka myivät härkiä ja lampaita ja kyyhkysiä, ja rahanvaihtajat istumassa.

15. Ja hän teki nuorista ruoskan ja ajoi ulos pyhäköstä heidät kaikki lampaineen ja härkineen ja kaasi vaihtajain rahat maahan ja työnsi heidän pöytänsä kumoon.

16. Ja hän sanoi kyyhkysten myyjille: "Viekää pois nämä täältä. Älkää tehkö minun Isäni huonetta markkinahuoneeksi."

17. Silloin hänen opetuslapsensa muistivat, että on kirjoitettu: "Kiivaus sinun huoneesi puolesta kuluttaa minut."

18. Niin juutalaiset vastasivat ja sanoivat hänelle: "Minkä merkin sinä näytät meille, koska näitä teet?"

19. Jeesus vastasi ja sanoi heille: "Hajottakaa maahan tämä temppeli, niin minä pystytän sen kolmessa päivässä."

20. Niin juutalaiset sanoivat: "Neljäkymmentä kuusi vuotta on tätä temppeliä rakennettu, ja sinäkö pystytät sen kolmessa päivässä?"

21. Mutta hän puhui ruumiinsa temppelistä.

22. Kun hän sitten oli noussut kuolleista, muistivat hänen opetuslapsensa, että hän oli tämän sanonut; ja he uskoivat Raamatun ja sen sanan, jonka Jeesus oli sanonut.

23. Mutta kun hän oli Jerusalemissa pääsiäisenä, juhlan aikana, uskoivat monet hänen nimeensä, nähdessään hänen tunnustekonsa, jotka hän teki.

24. Mutta Jeesus itse ei uskonut itseänsä heille, sen tähden että hän tunsi kaikki

25. eikä tarvinnut kenenkään todistusta ihmisestä, sillä hän tiesi itse, mitä ihmisessä on.

3 LUKU

1. Mutta oli mies, fariseusten joukosta, nimeltä Nikodeemus, juutalaisten hallitusmiehiä.

2. Hän tuli Jeesuksen tykö yöllä ja sanoi hänelle: "Rabbi, me tiedämme, että sinun opettajaksi tulemisesi on Jumalasta, sillä ei kukaan voi tehdä niitä tunnustekoja, joita sinä teet, ellei Jumala ole hänen kanssansa."

3. Jeesus vastasi ja sanoi hänelle: "Totisesti, totisesti minä sanon sinulle: joka ei synny uudesti, ylhäältä, se ei voi nähdä Jumalan valtakuntaa."

4. Nikodeemus sanoi hänelle: "Kuinka voi ihminen vanhana syntyä? Eihän hän voi jälleen mennä äitinsä kohtuun ja syntyä?"

5. Jeesus vastasi: "Totisesti, totisesti minä sanon sinulle: jos joku ei synny vedestä ja Hengestä, ei hän voi päästä sisälle Jumalan valtakuntaan.

6. Mikä lihasta on syntynyt, on liha; ja mikä Hengestä on syntynyt, on henki.

7. Älä ihmettele, että minä sanoin sinulle: teidän täytyy syntyä uudesti, ylhäältä.

8. Tuuli puhaltaa, missä tahtoo, ja sinä kuulet sen huminan, mutta et tiedä, mistä se tulee ja minne se menee; niin on jokaisen, joka on Hengestä syntynyt."

9. Nikodeemus vastasi ja sanoi hänelle: "Kuinka tämä voi tapahtua?"

10. Jeesus vastasi ja sanoi hänelle: "Sinä olet Israelin opettaja etkä tätä tiedä!

11. Totisesti, totisesti minä sanon sinulle: me puhumme, mitä tiedämme, ja todistamme, mitä olemme nähneet, ettekä te ota vastaan meidän todistustamme.

12. Jos ette usko, kun minä puhun teille maallisista, kuinka te uskoisitte, jos minä puhun teille taivaallisista?

13. Ei kukaan ole noussut ylös taivaaseen, paitsi hän, joka taivaasta tuli alas, Ihmisen Poika, joka on taivaassa.

14. Ja niin kuin Mooses ylensi käärmeen erämaassa, niin pitää Ihmisen Poika ylennettämän,

15. että jokaisella, joka häneen uskoo, olisi **iankaikkinen elämä.**

16. Sillä niin on Jumala maailmaa rakastanut, että hän antoi ainokaisen Poikansa, ettei yksikään, joka häneen uskoo, hukkuisi, vaan **hänellä olisi iankaikkinen elämä.**

17. Sillä ei Jumala lähettänyt Poikaansa maailmaan tuomitsemaan maailmaa, vaan sitä varten, että maailma hänen kauttansa pelastuisi.

18. Joka uskoo häneen, sitä ei tuomita; mutta joka ei usko, se on jo tuomittu, koska hän ei ole uskonut Jumalan ainokaisen Pojan nimeen.

19. Mutta tämä on tuomio, että valkeus on tullut maailmaan, ja ihmiset rakastivat pimeyttä enemmän kuin valkeutta; sillä heidän tekonsa olivat pahat.

20. Sillä jokainen, joka pahaa tekee, vihaa valkeutta eikä tule valkeuteen, ettei hänen tekojansa nuhdeltaisi.

21. Mutta joka totuuden tekee, se tulee valkeuteen, että hänen tekonsa tulisivat julki, sillä ne ovat Jumalassa tehdyt."

22. Sen jälkeen Jeesus meni opetuslapsineen Juudean maaseudulle ja oleskeli siellä heidän kanssaan ja kastoi.

23. Mutta Johanneskin kastoi Ainonissa lähellä Salimia, koska siellä oli paljon vettä; ja ihmiset tulivat ja antoivat kastaa itsensä.

24. Sillä Johannesta ei vielä oltu heitetty vankeuteen.

25. Niin Johanneksen opetuslapset rupesivat väittelemään erään juutalaisen kanssa puhdistuksesta.

26. Ja he tulivat Johanneksen luo ja sanoivat hänelle: "Rabbi, se, joka oli sinun kanssasi Jordanin tuolla puolella ja josta sinä olet todistanut, katso, hän kastaa, ja kaikki menevät hänen tykönsä."

27. Johannes vastasi ja sanoi: "Ei ihminen voi ottaa mitään, ellei hänelle anneta taivaasta.

28. Te olette itse minun todistajani, että minä sanoin: en minä ole Kristus, vaan minä olen hänen edellänsä lähetetty.

29. Jolla on morsian, se on ylkä; mutta yljän ystävä, joka seisoo ja kuuntelee häntä,

iloitsee suuresti yljän äänestä. Tämä minun iloni on nyt tullut täydelliseksi.

30. Hänen tulee kasvaa, mutta minun vähetä.

31. Hän, joka ylhäältä tulee, on yli kaikkien. Joka on syntyisin maasta, se on maasta, ja maasta on, mitä hän puhuu; hän, joka taivaasta tulee, on yli kaikkien.

32. Ja mitä hän on nähnyt ja kuullut, sitä hän todistaa; ja hänen todistustansa ei kukaan ota vastaan.

33. Joka ottaa vastaan hänen todistuksensa, se sinetillä vahvistaa, että Jumala on totinen.

34. Sillä hän, jonka Jumala on lähettänyt, puhuu Jumalan sanoja; sillä ei Jumala anna Henkeä mitalla.

35. Isä rakastaa Poikaa ja on antanut kaikki hänen käteensä.

36. Joka uskoo Poikaan, **sillä on iankaikkinen elämä**; mutta joka ei ole kuuliainen Pojalle, se ei ole elämää näkevä, vaan Jumalan viha pysyy hänen päällänsä."

4 LUKU

1. Kun nyt Herra sai tietää fariseusten kuulleen, että Jeesus teki opetuslapsiksi ja kastoi useampia kuin Johannes

2. - vaikka Jeesus ei itse kastanut, vaan hänen opetuslapsensa -

3. jätti hän Juudean ja meni taas Galileaan.

4. Mutta hänen oli kuljettava Samarian kautta.

5. Niin hän tuli Sykar nimiseen Samarian kaupunkiin, joka on lähellä sitä maa-aluetta, minkä Jaakob oli antanut pojalleen Joosefille.

6. Ja siellä oli Jaakobin lähde. Kun nyt Jeesus oli matkasta väsynyt, istui hän lähteen reunalle. Ja oli noin kuudes hetki.

7. Niin tuli eräs Samarian nainen ammentamaan vettä. Jeesus sanoi hänelle: "Anna minulle juoda."

8. Sillä hänen opetuslapsensa olivat lähteneet kaupunkiin ruokaa ostamaan.

9. Niin Samarian nainen sanoi hänelle: "Kuinka sinä, joka olet juutalainen, pyydät juotavaa minulta, samarialaiselta naiselta?"

Sillä juutalaiset eivät seurustele samarialaisten kanssa.

10. Jeesus vastasi ja sanoi hänelle: "Jos sinä tietäisit Jumalan lahjan, ja kuka se on, joka sinulle sanoo: 'Anna minulle juoda', niin sinä pyytäisit häneltä, ja hän antaisi sinulle elävää vettä."

11. Nainen sanoi hänelle: "Herra, eipä sinulla ole ammennusastiaa, ja kaivo on syvä; mistä sinulla sitten on se elävä vesi?

12. Et kai sinä ole suurempi kuin meidän isämme Jaakob, joka antoi meille tämän kaivon ja joi siitä, hän itse sekä hänen poikansa ja karjansa?"

13. Jeesus vastasi ja sanoi hänelle: "Jokainen, joka juo tätä vettä, janoaa jälleen,

14. mutta joka juo sitä vettä, jota minä hänelle annan, se ei ikinä janoa; vaan se vesi, jonka minä hänelle annan, tulee hänessä sen veden lähteeksi, joka kumpuaa **iankaikkiseen elämään**."

15. Nainen sanoi hänelle: "Herra, anna minulle sitä vettä, ettei minun tulisi jano eikä minun tarvitsisi käydä täällä ammentamassa."

16. Jeesus sanoi hänelle: "Mene, kutsu miehesi ja tule tänne."

17. Nainen vastasi ja sanoi: "Ei minulla ole miestä." Jeesus sanoi hänelle: "Oikein sinä sanoit: 'Ei minulla ole miestä',

18. sillä viisi miestä sinulla on ollut, ja se, joka sinulla nyt on, ei ole sinun miehesi; siinä sanoit totuuden."

19. Nainen sanoi hänelle: "Herra, minä näen, että sinä olet profeetta.

20. Meidän isämme ovat kumartaen rukoilleet tällä vuorella; ja te sanotte, että Jerusalemissa on se paikka, jossa tulee kumartaen rukoilla."

21. Jeesus sanoi hänelle: "Vaimo, usko minua! Tulee aika, jolloin ette rukoile Isää tällä vuorella ettekä Jerusalemissa.

22. Te kumarratte sitä, mitä ette tunne; me kumarramme sitä, minkä me tunnemme. Sillä pelastus on juutalaisista.

23. Mutta tulee aika ja on jo, jolloin totiset rukoilijat rukoilevat Isää hengessä ja totuudessa; sillä senkaltaisia rukoilijoita myös Isä tahtoo.

24. Jumala on Henki; ja jotka häntä rukoilevat, niiden tulee rukoilla hengessä ja totuudessa."

25. Nainen sanoi hänelle: "Minä tiedän, että Messias on tuleva, hän, jota sanotaan Kristukseksi; kun hän tulee, ilmoittaa hän meille kaikki."

26. Jeesus sanoi hänelle: "Minä olen se, minä, joka puhun sinun kanssasi."

27. Samassa hänen opetuslapsensa tulivat; ja he ihmettelivät, että hän puhui naisen kanssa. Kuitenkaan ei kukaan sanonut: "Mitä pyydät?" tai: "Mitä puhelet hänen kanssaan?"

28. Niin nainen jätti vesiastiansa ja meni kaupunkiin ja sanoi ihmisille:

29. "Tulkaa katsomaan miestä, joka on sanonut minulle kaikki, mitä minä olen tehnyt. Eihän se vain liene Kristus?"

30. Niin he lähtivät kaupungista ja menivät hänen luoksensa.

31. Sillä välin opetuslapset pyysivät häntä sanoen: "Rabbi, syö!"

32. Mutta hän sanoi heille: "Minulla on syötävänä ruokaa, josta te ette tiedä."

33. Niin opetuslapset sanoivat keskenään: "Lieneekö joku tuonut hänelle syötävää?"

34. Jeesus sanoi heille: "Minun ruokani on se, että minä teen lähettäjäni tahdon ja täytän hänen tekonsa.

35. Ettekö sano: 'Vielä on neljä kuukautta, niin elonleikkuu joutuu'? Katso, minä sanon teille: nostakaa silmänne ja katselkaa vainioita, kuinka ne ovat valjenneet leikattaviksi.

36. Jo nyt saa leikkaaja palkan ja kokoaa hedelmää **iankaikkiseen elämään**, että kylväjä ja leikkaaja saisivat yhdessä iloita.

37. Sillä tässä on se sana tosi, että toinen on kylväjä, ja leikkaaja toinen.

38. Minä olen lähettänyt teidät leikkaamaan sitä, josta te ette ole vaivaa nähneet; toiset ovat vaivan nähneet, ja te olette päässeet heidän vaivansa hedelmille."

39. Ja monet samarialaiset siitä kaupungista uskoivat häneen naisen puheen tähden, kun tämä todisti: "Hän on sanonut minulle kaikki, mitä minä olen tehnyt."

40. Kun nyt samarialaiset tulivat hänen luoksensa, pyysivät he häntä viipymään heidän luonaan; ja hän viipyi siellä kaksi päivää.

41. Ja vielä paljoa useammat uskoivat hänen sanansa tähden,

42. ja he sanoivat naiselle: "Emme enää usko sinun puheesi tähden, sillä me itse olemme kuulleet ja tiedämme, että tämä totisesti on maailman Vapahtaja."

43. Mutta niiden kahden päivän kuluttua hän lähti sieltä Galileaan.

44. Sillä Jeesus itse todisti, ettei profeetalla ole arvoa omassa isiensä maassa.

45. Kun hän siis tuli Galileaan, ottivat galilealaiset hänet vastaan, koska olivat nähneet kaikki, mitä hän oli tehnyt Jerusalemissa juhlan aikana; sillä hekin olivat tulleet juhlille.

46. Niin hän tuli taas Galilean Kaanaan, jossa hän oli tehnyt veden viiniksi. Ja Kapernaumissa oli eräs kuninkaan virkamies, jonka poika sairasti.

47. Kun hän kuuli Jeesuksen tulleen Juudeasta Galileaan, meni hän hänen

luoksensa ja pyysi häntä tulemaan ja parantamaan hänen poikansa; sillä tämä oli kuolemaisillaan.

48. Niin Jeesus sanoi hänelle: "Ellette näe merkkejä ja ihmeitä, te ette usko."

49. Kuninkaan virkamies sanoi hänelle: "Herra, tule, ennen kuin minun lapseni kuolee."

50. Jeesus sanoi hänelle: "Mene, sinun poikasi elää." Ja mies uskoi sanan, jonka Jeesus sanoi hänelle, ja meni.

51. Ja jo hänen ollessaan paluumatkalla hänen palvelijansa kohtasivat hänet ja sanoivat, että hänen poikansa eli.

52. Niin hän tiedusteli heiltä, millä hetkellä hän oli alkanut toipua. Ja he sanoivat hänelle: "Eilen seitsemännellä hetkellä kuume lähti hänestä."

53. Niin isä ymmärsi, että se oli tapahtunut sillä hetkellä, jolloin Jeesus oli sanonut hänelle: "Sinun poikasi elää." Ja hän uskoi, hän ja koko hänen huonekuntansa.

54. Tämä oli taas tunnusteko, toinen, jonka Jeesus teki, tultuaan Juudeasta Galileaan.

5 LUKU

1. Sen jälkeen oli juutalaisten juhla, ja Jeesus meni ylös Jerusalemiin.

2. Ja Jerusalemissa on Lammasportin luona lammikko, jonka nimi hebreankielellä on Betesda, ja sen reunalla on viisi pylväskäytävää.

3. Niissä makasi suuri joukko sairaita, sokeita, rampoja ja näivetystautisia, jotka odottivat veden liikuttamista.

4. Ajoittain astui näet enkeli alas lammikkoon ja kuohutti veden. Joka silloin veden kuohuttamisen jälkeen ensimmäisenä siihen astui, se tuli terveeksi, sairastipa mitä tautia tahansa.

5. Ja siellä oli mies, joka oli sairastanut kolmekymmentä kahdeksan vuotta.

6. Kun Jeesus näki hänen siinä makaavan ja tiesi hänen jo kauan aikaa sairastaneen, sanoi hän hänelle: "Tahdotko tulla terveeksi?"

7. Sairas vastasi hänelle: "Herra, minulla ei ole ketään, joka veisi minut lammikkoon, kun vesi on kuohutettu; ja kun minä olen

menemässä, astuu toinen sinne ennen minua."

8. Jeesus sanoi hänelle: "Nouse, ota vuoteesi ja käy."

9. Ja mies tuli kohta terveeksi ja otti vuoteensa ja kävi. Mutta se päivä oli sapatti.

10. Sen tähden juutalaiset sanoivat parannetulle: "Nyt on sapatti, eikä sinun ole lupa kantaa vuodetta."

11. Hän vastasi heille: "Se, joka teki minut terveeksi, sanoi minulle: 'Ota vuoteesi ja käy'."

12. He kysyivät häneltä: "Kuka on se mies, joka sanoi sinulle: 'Ota vuoteesi ja käy'?"

13. Mutta parannettu ei tiennyt, kuka se oli; sillä Jeesus oli poistunut, kun siinä paikassa oli paljon kansaa.

14. Sen jälkeen Jeesus tapasi hänet pyhäkössä ja sanoi hänelle: "Katso, sinä olet tullut terveeksi; älä enää syntiä tee, ettei sinulle jotakin pahempaa tapahtuisi."

15. Niin mies meni ja ilmoitti juutalaisille, että Jeesus oli hänet terveeksi tehnyt.

16. Ja sen tähden juutalaiset vainosivat Jeesusta, koska hän semmoista teki sapattina.

17. Mutta Jeesus vastasi heille: "Minun Isäni tekee yhäti työtä, ja minä myös teen työtä."

18. Sen tähden juutalaiset vielä enemmän tavoittelivat häntä tappaaksensa, kun hän ei ainoastaan kumonnut sapattia, vaan myös sanoi Jumalaa Isäksensä, tehden itsensä Jumalan vertaiseksi.

19. Niin Jeesus vastasi ja sanoi heille: "Totisesti, totisesti minä sanon teille: Poika ei voi itsestänsä mitään tehdä, vaan ainoastaan sen, minkä hän näkee Isän tekevän; sillä mitä Isä tekee, sitä myös Poika samoin tekee.

20. Sillä Isä rakastaa Poikaa ja näyttää hänelle kaikki, mitä hän itse tekee; ja hän on näyttävä hänelle suurempia tekoja kuin nämä, niin että te ihmettelette.

21. Sillä niin kuin Isä herättää kuolleita ja tekee eläviksi, niin myös Poika tekee eläviksi, ketkä hän tahtoo.

22. Sillä Isä ei myöskään tuomitse ketään, vaan hän on antanut kaiken tuomion Pojalle,

23. että kaikki kunnioittaisivat Poikaa, niin kuin he kunnioittavat Isää. Joka ei kunnioita Poikaa, se ei kunnioita Isää, joka on hänet lähettänyt.

24. Totisesti, totisesti minä sanon teille: joka kuulee minun sanani ja uskoo häneen, joka on minut lähettänyt, **sillä on iankaikkinen elämä**, eikä hän joudu tuomittavaksi, vaan on siirtynyt kuolemasta elämään.

25. Totisesti, totisesti minä sanon teille: aika tulee ja on jo, jolloin kuolleet kuulevat Jumalan Pojan äänen, ja jotka sen kuulevat, ne saavat elää.

26. Sillä niin kuin Isällä on elämä itsessänsä, niin hän on antanut elämän myös Pojalle, niin että myös hänellä on elämä itsessänsä.

27. Ja hän on antanut hänelle vallan tuomita, koska hän on Ihmisen Poika.

28. Älkää ihmetelkö tätä, sillä hetki tulee, jolloin kaikki, jotka haudoissa ovat, kuulevat hänen äänensä

29. ja tulevat esiin, ne, jotka ovat hyvää tehneet, elämän ylösnousemukseen, mutta ne, jotka ovat pahaa tehneet, tuomion ylösnousemukseen.

30. En minä itsestäni voi mitään tehdä. Niin kuin minä kuulen, niin minä tuomitsen; ja minun tuomioni on oikea, sillä minä en kysy omaa tahtoani, vaan hänen tahtoaan, joka on minut lähettänyt.

31. Jos minä itsestäni todistan, ei minun todistukseni ole pätevä.

32. On toinen, joka todistaa minusta, ja minä tiedän, että se todistus, jonka hän minusta todistaa, on pätevä.

33. Te lähetitte lähettiläät Johanneksen luo, ja hän todisti sen, mikä totta on.

34. Mutta minä en ota ihmiseltä todistusta, vaan puhun tämän, että te pelastuisitte.

35. Hän oli palava ja loistava lamppu, mutta te tahdoitte ainoastaan hetken ilotella hänen valossansa.

36. Mutta minulla on todistus, joka on suurempi kuin Johanneksen; sillä ne teot, jotka Isä on antanut minun täytettäviksi, ne teot, jotka minä teen, todistavat minusta, että Isä on minut lähettänyt.

37. Ja Isä, joka on minut lähettänyt, hän on todistanut minusta. Te ette ole koskaan

kuulleet hänen ääntänsä ettekä nähneet hänen muotoansa,

38. eikä teillä ole hänen sanaansa teissä pysyväisenä; sillä te ette usko sitä, jonka hän on lähettänyt.

39. Te tutkitte kirjoituksia, sillä teillä on mielestänne niissä **iankaikkinen elämä**, ja ne juuri todistavat minusta;

40. ja te ette tahdo tulla minun tyköni, että saisitte elämän.

41. En minä ota vastaan kunniaa ihmisiltä;

42. mutta minä tunnen teidät, ettei teillä ole Jumalan rakkautta itsessänne.

43. Minä olen tullut Isäni nimessä, ja te ette ota minua vastaan; jos toinen tulee omassa nimessään, niin hänet te otatte vastaan.

44. Kuinka te voisitte uskoa, te, jotka otatte vastaan kunniaa toinen toiseltanne, ettekä etsi sitä kunniaa, mikä tulee häneltä, joka yksin on Jumala?

45. Älkää luulko, että minä olen syyttävä teitä Isän tykönä; teillä on syyttäjänne, Mooses, johon te panette toivonne.

46. Sillä jos te Moosesta uskoisitte, niin te uskoisitte minua; sillä minusta hän on kirjoittanut.

47. Mutta jos te ette usko hänen kirjoituksiaan, kuinka te uskoisitte minun sanojani?"

6 LUKU

1. Sen jälkeen Jeesus meni Galilean, se on Tiberiaan, järven tuolle puolelle.

2. Ja häntä seurasi paljon kansaa, koska he näkivät ne tunnusteot, joita hän teki sairaille.

3. Ja Jeesus nousi vuorelle ja istui sinne opetuslapsinensa.

4. Ja pääsiäinen, juutalaisten juhla, oli lähellä.

5. Kun Jeesus nosti silmänsä ja näki paljon kansaa tulevan tykönsä, sanoi hän Filippukselle: "Mistä ostamme leipää näiden syödä?"

6. Mutta sen hän sanoi koetellakseen häntä, sillä itse hän tiesi, mitä aikoi tehdä.

7. Filippus vastasi hänelle: "Eivät kahdensadan denarin leivät heille riittäisi, niin että kukin saisi edes vähän."

8. Niin toinen hänen opetuslapsistansa, Andreas, Simon Pietarin veli, sanoi hänelle:

9. "Täällä on poikanen, jolla on viisi ohraleipää ja kaksi kalaa, mutta mitä ne ovat näin monelle?"

10. Jeesus sanoi: "Asettakaa kansa aterioimaan." Ja siinä paikassa oli paljon ruohoa. Niin miehet, luvultaan noin viisituhatta, laskeutuivat maahan.

11. Ja Jeesus otti leivät ja kiitti ja jakeli istuville; samoin kaloistakin, niin paljon kuin he tahtoivat.

12. Mutta kun he olivat ravitut, sanoi hän opetuslapsillensa: "Kootkaa tähteeksi jääneet palaset, ettei mitään joutuisi hukkaan."

13. Niin he kokosivat ne ja täyttivät kaksitoista vakkaa palasilla, mitkä olivat viidestä ohraleivästä jääneet tähteeksi niiltä, jotka olivat aterioineet.

14. Kun nyt ihmiset näkivät sen tunnusteon, jonka Jeesus oli tehnyt, sanoivat he: "Tämä on totisesti se profeetta, joka oli maailmaan tuleva."

15. Kun nyt Jeesus huomasi, että he aikoivat tulla ja väkisin ottaa hänet, tehdäkseen hänet kuninkaaksi, väistyi hän taas pois vuorelle, hän yksinänsä.

16. Mutta kun ilta tuli, menivät hänen opetuslapsensa alas järven rantaan,

17. astuivat venheeseen ja lähtivät menemään järven toiselle puolelle, Kapernaumiin. Ja oli jo tullut pimeä, eikä Jeesus ollut vielä saapunut heidän luokseen;

18. ja järvi aaltoili ankarasti kovan tuulen puhaltaessa.

19. Kun he olivat soutaneet noin viisikolmatta tai kolmekymmentä vakomittaa, näkivät he Jeesuksen kävelevän järven päällä ja tulevan lähelle venhettä; ja he peljästyivät.

20. Mutta hän sanoi heille: "Minä se olen; älkää peljätkö."

21. Niin he tahtoivat ottaa hänet venheeseen, ja kohta venhe saapui sen maan rantaan, jonne he olivat matkalla.

22. Seuraavana päivänä kansa yhä vielä oli järven toisella puolella, sillä he olivat nähneet, ettei siellä ollut muuta venhettä kuin se yksi ja ettei Jeesus mennyt opetuslastensa kanssa venheeseen, vaan että hänen opetuslapsensa lähtivät yksinään pois.

23. Kuitenkin oli muita venheitä tullut Tiberiaasta lähelle sitä paikkaa, jossa he

olivat syöneet leipää, sittenkuin Herra oli lausunut kiitoksen.

24. Kun siis kansa näki, ettei Jeesus ollut siellä eivätkä hänen opetuslapsensa, astuivat hekin venheisiin ja menivät Kapernaumiin ja etsivät Jeesusta.

25. Ja kun he löysivät hänet järven toiselta puolelta, sanoivat he hänelle: "Rabbi, milloin tulit tänne?"

26. Jeesus vastasi heille ja sanoi: "Totisesti, totisesti minä sanon teille: ette te minua sen tähden etsi, että olette nähneet tunnustekoja, vaan sen tähden, että saitte syödä niitä leipiä ja tulitte ravituiksi.

27. Älkää hankkiko sitä ruokaa, joka katoaa, vaan sitä ruokaa, joka pysyy hamaan **iankaikkiseen elämään** ja jonka Ihmisen Poika on teille antava; sillä häneen on Isä, Jumala itse, sinettinsä painanut."

28. Niin he sanoivat hänelle: "Mitä meidän pitää tekemän, että me Jumalan tekoja tekisimme?"

29. Jeesus vastasi ja sanoi heille: "Se on Jumalan teko, että te uskotte häneen, jonka Jumala on lähettänyt."

30. He sanoivat hänelle: "Minkä tunnusteon sinä sitten teet, että me näkisimme sen ja uskoisimme sinua? Minkä teon sinä teet?

31. Meidän isämme söivät mannaa erämaassa, niin kuin kirjoitettu on: 'Hän antoi leipää taivaasta heille syötäväksi.'"

32. Niin Jeesus sanoi heille: "Totisesti, totisesti minä sanon teille: ei Mooses antanut teille sitä leipää taivaasta, vaan minun Isäni antaa teille taivaasta totisen leivän.

33. Sillä Jumalan leipä on se, joka tulee alas taivaasta ja antaa maailmalle elämän."

34. Niin he sanoivat hänelle: "Herra, anna meille aina sitä leipää."

35. Jeesus sanoi heille: "Minä olen elämän leipä; joka tulee minun tyköni, se ei koskaan isoa, ja joka uskoo minuun, se ei koskaan janoa.

36. Mutta minä olen sanonut teille, että te olette nähneet minut, ettekä kuitenkaan usko.

37. Kaikki, minkä Isä antaa minulle, tulee minun tyköni; ja sitä, joka minun tyköni tulee, minä en heitä ulos.

38. Sillä minä olen tullut taivaasta, en tekemään omaa tahtoani, vaan hänen tahtonsa, joka on minut lähettänyt.

39. Ja minun lähettäjäni tahto on se, että minä kaikista niistä, jotka hän on minulle antanut, en kadota yhtäkään, vaan herätän heidät viimeisenä päivänä.

40. Sillä minun Isäni tahto on se, että jokaisella, joka näkee Pojan ja uskoo häneen, **on iankaikkinen elämä**; ja minä herätän hänet viimeisenä päivänä."

41. Niin juutalaiset nurisivat häntä vastaan, koska hän sanoi: "Minä olen se leipä, joka on tullut alas taivaasta";

42. ja he sanoivat: "Eikö tämä ole Jeesus, Joosefin poika, jonka isän ja äidin me tunnemme? Kuinka hän sitten sanoo: 'Minä olen tullut alas taivaasta'?"

43. Jeesus vastasi ja sanoi heille: "Älkää nurisko keskenänne.

44. Ei kukaan voi tulla minun tyköni, ellei Isä, joka on minut lähettänyt, häntä vedä; ja minä herätän hänet viimeisenä päivänä.

45. Profeetoissa on kirjoitettuna: 'Ja he tulevat kaikki Jumalan opettamiksi.'

Jokainen, joka on Isältä kuullut ja oppinut, tulee minun tyköni.

46. Ei niin, että kukaan olisi Isää nähnyt; ainoastaan hän, joka on Jumalasta, on nähnyt Isän.

47. Totisesti, totisesti minä sanon teille: joka uskoo, **sillä on iankaikkinen elämä**.

48. Minä olen elämän leipä.

49. Teidän isänne söivät mannaa erämaassa, ja he kuolivat.

50. Mutta tämä on se leipä, joka tulee alas taivaasta, että se, joka sitä syö, ei kuolisi.

51. Minä olen se elävä leipä, joka on tullut alas taivaasta. Jos joku syö tätä leipää, hän **elää iankaikkisesti**. Ja se leipä, jonka minä annan, on minun lihani, maailman elämän puolesta."

52. Silloin juutalaiset riitelivät keskenään sanoen: "Kuinka tämä voi antaa lihansa meille syötäväksi?"

53. Niin Jeesus sanoi heille: "Totisesti, totisesti minä sanon teille: ellette syö Ihmisen Pojan lihaa ja juo hänen vertansa, ei teillä ole elämää itsessänne.

54. Joka syö minun lihani ja juo minun vereni, sillä on iankaikkinen elämä, ja minä herätän hänet viimeisenä päivänä.

55. Sillä minun lihani on totinen ruoka, ja minun vereni on totinen juoma.

56. Joka syö minun lihani ja juo minun vereni, se pysyy minussa, ja minä hänessä.

57. Niin kuin Isä, joka elää, on minut lähettänyt, ja minä elän Isän kautta, niin myös se, joka minua syö, elää minun kauttani.

58. Tämä on se leipä, joka tuli alas taivaasta. Ei ole, niin kuin oli teidän isienne: he söivät ja kuolivat; joka tätä leipää syö, se elää iankaikkisesti."

59. Tämän hän puhui synagoogassa opettaessaan Kapernaumissa.

60. Niin monet hänen opetuslapsistansa, sen kuultuaan, sanoivat: "Tämä on kova puhe, kuka voi sitä kuulla?"

61. Mutta kun Jeesus sydämessään tiesi, että hänen opetuslapsensa siitä nurisivat, sanoi hän heille: "Loukkaako tämä teitä?

62. Mitä sitten, jos saatte nähdä Ihmisen Pojan nousevan sinne, missä hän oli ennen!

63. Henki on se, joka eläväksi tekee; ei liha mitään hyödytä. Ne sanat, jotka minä olen teille puhunut, ovat henki ja ovat elämä.

64. Mutta teissä on muutamia, jotka eivät usko." Sillä Jeesus tiesi alusta asti, ketkä ne olivat, jotka eivät uskoneet, ja kuka se oli, joka oli kavaltava hänet.

65. Ja hän sanoi: "Sen tähden minä olen sanonut teille, ettei kukaan voi tulla minun tyköni, ellei minun Isäni sitä hänelle anna."

66. Tämän tähden monet hänen opetuslapsistaan vetäytyivät pois eivätkä enää vaeltaneet hänen kanssansa.

67. Niin Jeesus sanoi niille kahdelletoista: "Tahdotteko tekin mennä pois?"

68. Simon Pietari vastasi hänelle: "Herra, kenen tykö me menisimme? Sinulla on iankaikkisen elämän sanat;

69. ja me uskomme ja ymmärrämme, että sinä olet Jumalan Pyhä."

70. Jeesus vastasi heille: "Enkö minä ole valinnut teitä, te kaksitoista? Ja yksi teistä on perkele."

71. Mutta sen hän sanoi Juudaasta, Simon Iskariotin pojasta; sillä tämä oli hänet kavaltava ja oli yksi niistä kahdestatoista.

7 LUKU

1. Ja sen jälkeen Jeesus vaelsi ympäri Galileassa; sillä hän ei tahtonut vaeltaa Juudeassa, koska juutalaiset tavoittelivat häntä tappaaksensa.

2. Ja juutalaisten juhla, lehtimajanjuhla, oli lähellä.

3. Niin hänen veljensä sanoivat hänelle: "Lähde täältä ja mene Juudeaan, että myös sinun opetuslapsesi näkisivät sinun tekosi, joita sinä teet;

4. sillä ei kukaan, joka itse tahtoo tulla julki, tee mitään salassa. Koska sinä näitä tekoja teet, niin ilmoita itsesi maailmalle."

5. Sillä hänen veljensäkään eivät häneen uskoneet.

6. Niin Jeesus sanoi heille: "Minun aikani ei ole vielä tullut; mutta teille aika on aina sovelias.

7. Teitä ei maailma voi vihata, mutta minua se vihaa, sillä minä todistan siitä, että sen teot ovat pahat.

8. Menkää te ylös juhlille; minä en vielä mene näille juhlille, sillä minun aikani ei ole vielä täyttynyt.

9. Tämän hän sanoi heille ja jäi Galileaan.

10. Mutta kun hänen veljensä olivat menneet juhlille, silloin hänkin meni sinne, ei julki, vaan ikään kuin salaa.

11. Niin juutalaiset etsivät häntä juhlan aikana ja sanoivat: "Missä hän on?"

12. Ja hänestä oli paljon kiistelyä kansassa; muutamat sanoivat: "Hän on hyvä", mutta toiset sanoivat: "Ei ole, vaan hän villitsee kansan."

13. Ei kuitenkaan kukaan puhunut hänestä julkisesti, koska he pelkäsivät juutalaisia.

14. Mutta kun jo puoli juhlaa oli kulunut, meni Jeesus ylös pyhäkköön ja opetti.

15. Niin juutalaiset ihmettelivät ja sanoivat: "Kuinka tämä osaa kirjoituksia, vaikkei ole oppia saanut?"

16. Jeesus vastasi heille ja sanoi: "Minun oppini ei ole minun, vaan hänen, joka on minut lähettänyt.

17. Jos joku tahtoo tehdä hänen tahtonsa, tulee hän tuntemaan, onko tämä oppi Jumalasta, vai puhunko minä omiani.

18. Joka omiaan puhuu, se pyytää omaa kunniaansa, mutta joka pyytää lähettäjänsä kunniaa, se on totinen, eikä hänessä ole vääryyttä.

19. Eikö Mooses ole antanut teille lakia? Ja kukaan teistä ei lakia täytä. Miksi tavoittelette minua tappaaksenne?"

20. Kansa vastasi: "Sinussa on riivaaja; kuka sinua tavoittelee tappaaksensa?"

21. Jeesus vastasi ja sanoi heille: "Yhden teon minä tein, ja te kaikki kummastelette.

22. Mooses antoi teille ympärileikkauksen - ei niin, että se olisi Moosekselta, vaan se on isiltä - ja sapattinakin te ympärileikkaatte ihmisen.

23. Sen tähden: jos ihminen saa ympärileikkauksen sapattina, ettei Mooseksen lakia rikottaisi, miksi te olette vihoissanne minulle siitä, että minä tein koko ihmisen terveeksi sapattina?

24. Älkää tuomitko näön mukaan, vaan tuomitkaa oikea tuomio."

25. Niin muutamat jerusalemilaisista sanoivat: "Eikö tämä ole se, jota he tavoittelevat tappaaksensa?

26. Ja katso, hän puhuu vapaasti, eivätkä he sano hänelle mitään. Olisivatko hallitusmiehet tosiaan saaneet tietoonsa, että tämä on Kristus?

27. Kuitenkin, me tiedämme, mistä tämä on; mutta kun Kristus tulee, niin ei kukaan tiedä, mistä hän on."

28. Niin Jeesus puhui pyhäkössä suurella äänellä, opetti ja sanoi: "Te tunnette minut ja tiedätte, mistä minä olen; ja itsestäni minä en ole tullut, vaan hän, joka minut on lähettänyt, on oikea lähettäjä, ja häntä te ette tunne.

29. Minä tunnen hänet, sillä hänestä minä olen, ja hän on minut lähettänyt."

30. Niin heillä oli halu ottaa hänet kiinni; mutta ei kukaan käynyt häneen käsiksi, sillä hänen hetkensä ei ollut vielä tullut.

31. Mutta monet kansasta uskoivat häneen ja sanoivat: "Kun Kristus tulee, tehneekö hän enemmän tunnustekoja, kuin tämä on tehnyt?"

32. Fariseukset kuulivat kansan näin kiistelevän hänestä; niin ylipapit ja fariseukset lähettivät palvelijoita ottamaan häntä kiinni.

33. Mutta Jeesus sanoi: "Minä olen vielä vähän aikaa teidän kanssanne, ja sitten minä menen pois hänen tykönsä, joka on minut lähettänyt.

34. Silloin te etsitte minua, mutta ette löydä; ja missä minä olen, sinne te ette voi tulla."

35. Niin juutalaiset sanoivat keskenään: "Minne tämä aikoo mennä, koska emme voi löytää häntä? Eihän vain aikone mennä niiden luo, jotka asuvat hajallaan kreikkalaisten keskellä, ja opettaa kreikkalaisia?

36. Mitä tämä sana on, jonka hän sanoi: 'Te etsitte minua, mutta ette löydä', ja: 'Missä minä olen, sinne te ette voi tulla'?"

37. Mutta juhlan viimeisenä, suurena päivänä Jeesus seisoi ja huusi ja sanoi: "Jos joku janoaa, niin tulkoon minun tyköni ja juokoon.

38. Joka uskoo minuun, hänen sisimmästään on, niin kuin Raamattu sanoo, juokseva elävän veden virrat."

39. Mutta sen hän sanoi Hengestä, joka niiden piti saaman, jotka uskoivat häneen; sillä Henki ei ollut vielä tullut, koska Jeesus ei vielä ollut kirkastettu.

40. Niin muutamat kansasta, kuultuaan nämä sanat, sanoivat: "Tämä on totisesti se profeetta."

41. Toiset sanoivat: "Tämä on Kristus." Mutta toiset sanoivat: "Ei suinkaan Kristus tule Galileasta?

42. Eikö Raamattu sano, että Kristus on oleva Daavidin jälkeläisiä ja tuleva pienestä Beetlehemin kaupungista, jossa Daavid oli?"

43. Niin syntyi kansassa eripuraisuutta hänen tähtensä.

44. Ja muutamat heistä tahtoivat ottaa hänet kiinni. Mutta ei kukaan käynyt häneen käsiksi.

45. Niin palvelijat palasivat ylipappien ja fariseusten luo, ja nämä sanoivat heille: "Miksi ette tuoneet häntä tänne?"

46. Palvelijat vastasivat: "Ei ole koskaan ihminen puhunut niin, kuin se mies puhuu."

47. Niin fariseukset vastasivat heille: "Oletteko tekin eksytetyt?

48. Onko kukaan hallitusmiehistä uskonut häneen tai kukaan fariseuksista?

49. Mutta tuo kansa, joka ei lakia tunne, on kirottu."

50. Niin Nikodeemus, joka ennen oli käynyt Jeesuksen luona ja joka oli yksi heistä, sanoi heille:

51. "Tuomitseeko lakimme ketään, ennen kuin häntä on kuulusteltu ja saatu tietää, mitä hän on tehnyt?"

52. He vastasivat ja sanoivat hänelle: "Oletko sinäkin Galileasta? Tutki ja näe, ettei Galileasta nouse profeettaa."

53. Ja he menivät kukin kotiinsa.

8 LUKU

1. Mutta Jeesus meni Öljymäelle.

2. Ja varhain aamulla hän taas saapui pyhäkköön, ja kaikki kansa tuli hänen luoksensa; ja hän istuutui ja opetti heitä.

3. Silloin kirjanoppineet ja fariseukset toivat hänen luoksensa aviorikoksesta kiinniotetun naisen, asettivat hänet keskelle

4. ja sanoivat Jeesukselle: "Opettaja, tämä nainen on tavattu itse teosta, aviorikosta tekemästä.

5. Ja Mooses on laissa antanut meille käskyn, että tuommoiset on kivitettävä. Mitäs sinä sanot?"

6. Mutta sen he sanoivat kiusaten häntä, päästäkseen häntä syyttämään. Silloin Jeesus kumartui alas ja kirjoitti sormellaan maahan.

7. Mutta kun he yhä edelleen kysyivät häneltä, ojensi hän itsensä ja sanoi heille: "Joka teistä on synnitön, se heittäköön häntä ensimmäisenä kivellä."

8. Ja taas hän kumartui alas ja kirjoitti maahan.

9. Kun he tämän kuulivat ja heidän omatuntonsa todisti heidät syyllisiksi, menivät he pois, toinen toisensa perästä, vanhimmista alkaen viimeisiin asti; ja siihen jäi ainoastaan Jeesus sekä nainen, joka seisoi hänen edessään.

10. Ja kun Jeesus ojensi itsensä eikä nähnyt ketään muuta kuin naisen, sanoi hän hänelle: "Nainen, missä ne ovat, sinun syyttäjäsi? Eikö kukaan ole sinua tuominnut?"

11. Hän vastasi: "Herra, ei kukaan." Niin Jeesus sanoi hänelle: "En minäkään sinua tuomitse; mene, äläkä tästedes enää syntiä tee."

12. Niin Jeesus taas puhui heille sanoen: "Minä olen maailman valkeus; joka minua seuraa, se ei pimeydessä vaella, vaan hänellä on oleva elämän valkeus."

13. Niin fariseukset sanoivat hänelle: "Sinä todistat itsestäsi; sinun todistuksesi ei ole pätevä."

14. Jeesus vastasi ja sanoi heille: "Vaikka minä todistankin itsestäni, on todistukseni pätevä, sillä minä tiedän, mistä minä olen

tullut ja mihin minä menen; mutta te ette tiedä, mistä minä tulen, ettekä, mihin minä menen.

15. Te tuomitsette lihan mukaan; minä en tuomitse ketään.

16. Ja vaikka minä tuomitsisinkin, niin minun tuomioni olisi oikea, sillä minä en ole yksinäni, vaan minä ja hän, joka on minut lähettänyt.

17. Onhan teidän laissannekin kirjoitettuna, että kahden ihmisen todistus on pätevä.

18. Minä olen se, joka todistan itsestäni, ja minusta todistaa myös Isä, joka on minut lähettänyt."

19. Niin he sanoivat hänelle: "Missä sinun isäsi on?" Jeesus vastasi: "Te ette tunne minua ettekä minun Isääni; jos te tuntisitte minut, niin te tuntisitte myös minun Isäni."

20. Nämä sanat Jeesus puhui uhriarkun ääressä, opettaessaan pyhäkössä; eikä kukaan ottanut häntä kiinni, sillä hänen hetkensä ei ollut vielä tullut.

21. Niin Jeesus taas sanoi heille: "Minä menen pois, ja te etsitte minua, ja te kuolette

syntiinne. Mihin minä menen, sinne te ette voi tulla."

22. Niin juutalaiset sanoivat: "Ei kai hän aikone tappaa itseänsä, koska sanoo: 'Mihin minä menen, sinne te ette voi tulla'?"

23. Ja hän sanoi heille: "Te olette alhaalta, minä olen ylhäältä; te olette tästä maailmasta, minä en ole tästä maailmasta.

24. Sen tähden minä sanoin teille, että te kuolette synteihinne; sillä ellette usko minua siksi, joka minä olen, niin te kuolette synteihinne."

25. Niin he sanoivat hänelle: "Kuka sinä olet?" Jeesus sanoi heille: "Juuri se, mitä minä puhunkin teille.

26. Paljon on minulla teistä puhuttavaa ja teissä tuomittavaa; mutta hän, joka on minut lähettänyt, on totinen, ja minkä minä olen kuullut häneltä, sen minä puhun maailman kuulla."

27. Mutta he eivät ymmärtäneet, että hän puhui heille Isästä.

28. Niin Jeesus sanoi heille: "Kun olette ylentäneet Ihmisen Pojan, silloin te ymmärrätte, että minä olen se, joka minä

olen, ja etten minä itsestäni tee mitään, vaan puhun tätä sen mukaan, kuin minun Isäni on minulle opettanut.

29. Ja hän, joka on minut lähettänyt, on minun kanssani; hän ei ole jättänyt minua yksinäni, koska minä aina teen sitä, mikä hänelle on otollista."

30. Kun hän näin puhui, uskoivat monet häneen.

31. Niin Jeesus sanoi niille juutalaisille, jotka uskoivat häneen: "Jos te pysytte minun sanassani, niin te totisesti olette minun opetuslapsiani;

32. ja te tulette tuntemaan totuuden, ja totuus on tekevä teidät vapaiksi."

33. He vastasivat hänelle: "Me olemme Aabrahamin jälkeläisiä emmekä ole koskaan olleet kenenkään orjia. Kuinka sinä sitten sanot: 'Te tulette vapaiksi'?"

34. Jeesus vastasi heille: "Totisesti, totisesti minä sanon teille: jokainen, joka tekee syntiä, on synnin orja.

35. Mutta orja ei pysy talossa iäti; Poika pysyy iäti.

36. Jos siis Poika tekee teidät vapaiksi, niin te tulette todellisesti vapaiksi.

37. Minä tiedän, että te olette Aabrahamin jälkeläisiä; mutta te tavoittelette minua tappaaksenne, koska minun sanani ei saa tilaa teissä.

38. Minä puhun, mitä minä olen nähnyt Isäni tykönä; niin tekin teette, mitä olette kuulleet omalta isältänne."

39. He vastasivat ja sanoivat hänelle: "Aabraham on meidän isämme." Jeesus sanoi heille: "Jos olisitte Aabrahamin lapsia, niin te tekisitte Aabrahamin tekoja.

40. Mutta nyt te tavoittelette minua tappaaksenne, miestä, joka on puhunut teille totuuden, jonka hän on kuullut Jumalalta. Niin ei Aabraham tehnyt.

41. Te teette isänne tekoja." He sanoivat hänelle: "Me emme ole aviorikoksesta syntyneitä; meillä on yksi Isä, Jumala."

42. Jeesus sanoi heille: "Jos Jumala olisi teidän Isänne, niin te rakastaisitte minua, sillä minä olen Jumalasta lähtenyt ja tullut; en minä ole itsestäni tullut, vaan hän on minut lähettänyt.

43. Minkä tähden te ette ymmärrä minun puhettani? Sen tähden, että te ette kärsi kuulla minun sanaani.

44. Te olette isästä perkeleestä, ja isänne himoja te tahdotte noudattaa. Hän on ollut murhaaja alusta asti, ja totuudessa hän ei pysy, koska hänessä ei totuutta ole. Kun hän puhuu valhetta, niin hän puhuu omaansa, sillä hän on valhettelija ja sen isä.

45. Mutta minua te ette usko, sen tähden että minä sanon totuuden.

46. Kuka teistä voi näyttää minut syypääksi syntiin? Jos minä totuutta puhun, miksi ette minua usko?

47. Joka on Jumalasta, se kuulee Jumalan sanat. Sen tähden te ette kuule, koska ette ole Jumalasta."

48. Niin juutalaiset vastasivat ja sanoivat hänelle: "Emmekö ole oikeassa, kun sanomme, että sinä olet samarialainen ja että sinussa on riivaaja?"

49. Jeesus vastasi: "Minussa ei ole riivaajaa, vaan minä kunnioitan Isääni, ja te häpäisette minua.

50. Mutta minä en etsi omaa kunniaani; yksi on, joka etsii ja tuomitsee.

51. Totisesti, totisesti minä sanon teille: jos joku pitää minun sanani, hän ei ikinä näe kuolemaa."

52. Juutalaiset sanoivat hänelle: "Nyt me ymmärrämme, että sinussa on riivaaja. Aabraham on kuollut ja profeetat, ja sinä sanot: 'Jos joku pitää minun sanani, hän ei ikinä maista kuolemaa.'

53. Oletko sinä suurempi kuin isämme Aabraham, joka on kuollut? Ja profeetat ovat kuolleet; keneksi sinä itsesi teet?"

54. Jeesus vastasi: "Jos minä itse itselleni otan kunnian, niin minun kunniani ei ole mitään. Minun Isäni on se, joka minulle kunnian antaa, hän, josta te sanotte: 'Hän on meidän Jumalamme',

55. ettekä tunne häntä; mutta minä tunnen hänet. Ja jos sanoisin, etten tunne häntä, niin minä olisin valhettelija niin kuin tekin; mutta minä tunnen hänet ja pidän hänen sanansa.

56. Aabraham, teidän isänne, riemuitsi siitä, että hän oli näkevä minun päiväni; ja hän näki sen ja iloitsi."

57. Niin juutalaiset sanoivat hänelle: "Et ole vielä viidenkymmenen vuoden vanha, ja olet nähnyt Aabrahamin!"

58. Jeesus sanoi heille: "Totisesti, totisesti minä sanon teille: ennen kuin Aabraham syntyi, olen minä ollut."

59. Silloin he poimivat kiviä heittääksensä häntä niillä; mutta Jeesus lymysi ja lähti pyhäköstä.

9 LUKU

1. Ja ohi kulkiessaan hän näki miehen, joka syntymästään saakka oli ollut sokea.

2. Ja hänen opetuslapsensa kysyivät häneltä sanoen: "Rabbi, kuka teki syntiä, tämäkö vai hänen vanhempansa, että hänen piti sokeana syntymän?"

3. Jeesus vastasi: "Ei tämä tehnyt syntiä eivätkä hänen vanhempansa, vaan Jumalan tekojen piti tuleman hänessä julki.

4. Niin kauan kuin päivä on, tulee meidän tehdä hänen tekojansa, joka on minut lähettänyt; tulee yö, jolloin ei kukaan voi työtä tehdä.

5. Niin kauan kuin minä maailmassa olen, olen minä maailman valkeus."

6. Tämän sanottuaan hän sylki maahan ja teki syljestä tahtaan ja siveli tahtaan hänen silmilleen

7. ja sanoi hänelle: "Mene ja peseydy Siiloan lammikossa" - se on käännettynä: lähetetty. - Niin hän meni ja peseytyi ja palasi näkevänä.

8. Silloin naapurit ja ne, jotka ennen olivat nähneet hänet kerjääjänä, sanoivat: "Eikö tämä ole se, joka istui ja kerjäsi?"

9. Toiset sanoivat: "Hän se on", toiset sanoivat: "Ei ole, vaan hän on hänen näköisensä." Hän itse sanoi: "Minä se olen."

10. Niin he sanoivat hänelle: "Miten sinun silmäsi ovat auenneet?"

11. Hän vastasi: "Se mies, jota kutsutaan Jeesukseksi, teki tahtaan ja voiteli minun silmäni ja sanoi minulle: 'Mene ja peseydy Siiloan lammikossa'; niin minä menin ja peseydyin ja sain näköni."

12. He sanoivat hänelle: "Missä hän on?" Hän vastasi: "En tiedä."

13. Niin he veivät hänet, joka ennen oli ollut sokea, fariseusten luo.

14. Ja se päivä, jona Jeesus teki tahtaan ja avasi hänen silmänsä, oli sapatti.

15. Niin myöskin fariseukset kysyivät häneltä, miten hän oli saanut näkönsä. Ja hän sanoi heille: "Hän siveli tahtaan minun silmilleni, ja minä peseydyin, ja nyt minä näen."

16. Niin muutamat fariseuksista sanoivat: "Se mies ei ole Jumalasta, koska hän ei pidä sapattia." Toiset sanoivat: "Kuinka voi syntinen ihminen tehdä senkaltaisia tunnustekoja?" Ja he olivat keskenänsä eri mieltä.

17. Niin he taas sanoivat sokealle: "Mitä sinä sanot hänestä, koskapa hän avasi sinun silmäsi?" Ja hän sanoi: "Hän on profeetta."

18. Mutta juutalaiset eivät uskoneet hänestä, että hän oli ollut sokea ja saanut näkönsä, ennen kuin kutsuivat sen näkönsä saaneen vanhemmat

19. ja kysyivät heiltä sanoen: "Onko tämä teidän poikanne, jonka sanotte sokeana syntyneen? Kuinka hän sitten nyt näkee?"

20. Hänen vanhempansa vastasivat ja sanoivat: "Me tiedämme, että tämä on meidän poikamme ja että hän on sokeana syntynyt;

21. mutta kuinka hän nyt näkee, emme tiedä; emme myöskään tiedä, kuka on avannut hänen silmänsä. Kysykää häneltä; hänellä on kyllin ikää, puhukoon itse puolestansa."

22. Näin hänen vanhempansa sanoivat, koska pelkäsivät juutalaisia. Sillä juutalaiset olivat jo sopineet keskenään, että se, joka tunnusti hänet Kristukseksi, oli erotettava synagoogasta.

23. Sen tähden hänen vanhempansa sanoivat: "Hänellä on kyllin ikää, kysykää häneltä."

24. Niin he kutsuivat toistamiseen miehen, joka oli ollut sokea, ja sanoivat hänelle: "Anna kunnia Jumalalle; me tiedämme, että se mies on syntinen."

25. Hän vastasi: "Onko hän syntinen, sitä en tiedä; sen vain tiedän, että minä, joka olin sokea, nyt näen."

26. Niin he sanoivat hänelle: "Mitä hän sinulle teki? Miten hän avasi sinun silmäsi?"

27. Hän vastasi heille: "Johan minä teille sanoin, ettekä te kuulleet. Miksi taas tahdotte sitä kuulla? Tahdotteko tekin ruveta hänen opetuslapsiksensa?"

28. Niin he herjasivat häntä ja sanoivat: "Sinä olet hänen opetuslapsensa, mutta me olemme Mooseksen opetuslapsia.

29. Me tiedämme Jumalan puhuneen Moosekselle, mutta mistä tämä on, sitä emme tiedä."

30. Mies vastasi ja sanoi heille: "Sehän tässä on ihmeellistä, että te ette tiedä, mistä hän on, ja kuitenkin hän on avannut minun silmäni.

31. Me tiedämme, ettei Jumala kuule syntisiä; vaan joka on jumalaapelkääväinen ja tekee hänen tahtonsa, sitä hän kuulee.

32. Ei ole maailman alusta kuultu, että kukaan on avannut sokeana syntyneen silmät.

33. Jos hän ei olisi Jumalasta, ei hän voisi mitään tehdä."

34. He vastasivat ja sanoivat hänelle: "Sinä olet kokonaan synneissä syntynyt, ja sinä tahdot opettaa meitä!" Ja he ajoivat hänet ulos.

35. Ja Jeesus sai kuulla heidän ajaneen hänet ulos; ja hänet tavatessaan hän sanoi hänelle: "Uskotko sinä Jumalan Poikaan?"

36. Hän vastasi ja sanoi: "Herra, kuka hän on, että minä häneen uskoisin?"

37. Jeesus sanoi hänelle: "Sinä olet hänet nähnyt, ja hän on se, joka sinun kanssasi puhuu."

38. Niin hän sanoi: "Herra, minä uskon"; ja hän kumartaen rukoili häntä.

39. Ja Jeesus sanoi: "Tuomioksi minä olen tullut tähän maailmaan, että ne, jotka eivät näe, näkisivät, ja ne, jotka näkevät, tulisivat sokeiksi."

40. Ja muutamat fariseukset, jotka olivat siinä häntä lähellä, kuulivat tämän ja sanoivat hänelle: "Olemmeko mekin sokeat?"

41. Jeesus sanoi heille: "Jos te olisitte sokeat, ei teillä olisi syntiä; mutta nyt te sanotte: 'Me näemme'; sen tähden teidän syntinne pysyy."

10 LUKU

1. "Totisesti, totisesti minä sanon teille: joka ei mene ovesta lammastarhaan, vaan nousee sinne muualta, se on varas ja ryöväri.

2. Mutta joka menee ovesta sisälle, se on lammasten paimen.

3. Hänelle ovenvartija avaa, ja lampaat kuulevat hänen ääntänsä; ja hän kutsuu omat lampaansa nimeltä ja vie heidät ulos.

4. Ja laskettuaan kaikki omansa ulos hän kulkee niiden edellä, ja lampaat seuraavat häntä, sillä ne tuntevat hänen äänensä.

5. Mutta vierasta ne eivät seuraa, vaan pakenevat häntä, koska eivät tunne vierasten ääntä."

6. Tämän kuvauksen Jeesus puhui heille; mutta he eivät ymmärtäneet, mitä hänen puheensa tarkoitti.

7. Niin Jeesus vielä sanoi heille: "Totisesti, totisesti minä sanon teille: minä olen lammasten ovi.

8. Kaikki, jotka ovat tulleet ennen minua, ovat varkaita ja ryöväreitä; mutta lampaat eivät ole heitä kuulleet.

9. Minä olen ovi; jos joku minun kauttani menee sisälle, niin hän pelastuu, ja hän on käyvä sisälle ja käyvä ulos ja löytävä laitumen.

10. Varas ei tule muuta kuin varastamaan ja tappamaan ja tuhoamaan. Minä olen tullut, että heillä olisi elämä ja olisi yltäkylläisyys.

11. Minä olen se hyvä paimen. Hyvä paimen antaa henkensä lammasten edestä.

12. Mutta palkkalainen, joka ei ole paimen ja jonka omia lampaat eivät ole, kun hän näkee suden tulevan, niin hän jättää lampaat ja pakenee; ja susi ryöstää ja hajottaa ne.

13. Hän pakenee, sillä hän on palkattu eikä välitä lampaista.

14. Minä olen se hyvä paimen, ja minä tunnen omani, ja minun omani tuntevat minut,

15. niin kuin Isä tuntee minut ja minä tunnen Isän; ja minä annan henkeni lammasten edestä.

16. Minulla on myös muita lampaita, jotka eivät ole tästä lammastarhasta; myös niitä tulee minun johdattaa, ja ne saavat kuulla minun ääneni, ja on oleva yksi lauma ja yksi paimen.

17. Sen tähden Isä minua rakastaa, koska minä annan henkeni, että minä sen jälleen ottaisin.

18. Ei kukaan sitä minulta ota, vaan minä annan sen itsestäni. Minulla on valta antaa se, ja minulla on valta ottaa se jälleen; sen käskyn minä olen saanut Isältäni."

19. Niin syntyi taas erimielisyys juutalaisten kesken näiden sanain tähden.

20. Ja useat heistä sanoivat: "Hänessä on riivaaja, ja hän on järjiltään; mitä te häntä kuuntelette?"

21. Toiset sanoivat: "Nämä eivät ole riivatun sanoja; eihän riivaaja voi avata sokeain silmiä?"

22. Sitten oli temppelin vihkimisen muistojuhla Jerusalemissa, ja oli talvi.

23. Ja Jeesus käyskeli pyhäkössä, Salomon pylväskäytävässä.

24. Niin juutalaiset ympäröivät hänet ja sanoivat hänelle: "Kuinka kauan sinä pidät meidän mieltämme kiihdyksissä? Jos sinä olet Kristus, niin sano se meille suoraan."

25. Jeesus vastasi heille: "Minä olen sanonut sen teille, ja te ette usko. Ne teot, joita minä teen Isäni nimessä, ne todistavat minusta.

26. Mutta te ette usko, sillä te ette ole minun lampaitani.

27. Minun lampaani kuulevat minun ääntäni, ja minä tunnen ne, ja ne seuraavat minua.

28. Ja minä annan heille iankaikkisen elämän, ja he eivät ikinä huku, eikä kukaan ryöstä heitä minun kädestäni.

29. Minun Isäni, joka on heidät minulle antanut, on suurempi kaikkia, eikä kukaan voi ryöstää heitä minun Isäni kädestä.

30. Minä ja Isä olemme yhtä."

31. Niin juutalaiset ottivat taas kiviä maasta kivittääksensä hänet.

32. Jeesus vastasi heille: "Minä olen näyttänyt teille monta hyvää tekoa, jotka ovat Isästä; mikä niistä on se, jonka tähden te tahdotte minut kivittää?"

33. Juutalaiset vastasivat hänelle: "Hyvän teon tähden me emme sinua kivitä, vaan jumalanpilkan tähden, ja koska sinä, joka olet ihminen, teet itsesi Jumalaksi."

34. Jeesus vastasi heille: "Eikö teidän laissanne ole kirjoitettuna: 'Minä sanoin: te olette jumalia'?

35. Jos hän sanoo jumaliksi niitä, joille Jumalan sana tuli - ja Raamattu ei voi raueta tyhjiin -

36. niin kuinka te sanotte sille, jonka Isä on pyhittänyt ja lähettänyt maailmaan: 'Sinä pilkkaat Jumalaa', sen tähden että minä sanoin: 'Minä olen Jumalan Poika'?

37. Jos minä en tee Isäni tekoja, älkää uskoko minua.

38. Mutta jos minä niitä teen, niin, vaikka ette uskoisikaan minua, uskokaa minun tekojani, että tulisitte tuntemaan ja ymmärtäisitte Isän olevan minussa ja minun olevan Isässä."

39. Niin he taas tahtoivat ottaa hänet kiinni, mutta hän lähti pois heidän käsistänsä.

40. Ja hän meni taas Jordanin tuolle puolelle siihen paikkaan, missä Johannes ensin kastoi, ja viipyi siellä.

41. Ja monet tulivat hänen tykönsä ja sanoivat: "Johannes ei tehnyt yhtäkään tunnustekoa; mutta kaikki, mitä Johannes sanoi tästä, on totta."

42. Ja monet siellä uskoivat häneen.

LUKU 11

1. Ja eräs mies, Lasarus, Betaniasta, Marian ja hänen sisarensa Martan kylästä, oli sairaana.

2. Ja tämä Maria oli se, joka hajuvoiteella voiteli Herran ja pyyhki hiuksillaan hänen jalkansa; ja Lasarus, joka sairasti, oli hänen veljensä.

3. Niin sisaret lähettivät Jeesukselle tämän sanan: "Herra, katso, se, joka on sinulle rakas, sairastaa."

4. Mutta sen kuultuaan Jeesus sanoi: "Ei tämä tauti ole kuolemaksi, vaan Jumalan kunniaksi, että Jumalan Poika sen kautta kirkastuisi."

5. Ja Jeesus rakasti Marttaa ja hänen sisartaan ja Lasarusta.

6. Kun hän siis kuuli hänen sairastavan, viipyi hän siinä paikassa, missä hän oli, vielä kaksi päivää;

7. mutta niiden kuluttua hän sanoi opetuslapsilleen: "Menkäämme taas Juudeaan."

8. Opetuslapset sanoivat hänelle: "Rabbi, äsken juutalaiset yrittivät kivittää sinut, ja taas sinä menet sinne!"

9. Jeesus vastasi: "Eikö päivässä ole kaksitoista hetkeä? Joka vaeltaa päivällä, se ei loukkaa itseänsä, sillä hän näkee tämän maailman valon.

10. Mutta joka vaeltaa yöllä, se loukkaa itsensä, sillä ei hänessä ole valoa."

11. Näin hän puhui, ja sitten hän sanoi heille: "Ystävämme Lasarus nukkuu, mutta minä menen herättämään hänet unesta."

12. Niin opetuslapset sanoivat hänelle: "Herra, jos hän nukkuu, niin hän tulee terveeksi."

13. Mutta Jeesus puhui hänen kuolemastaan; he taas luulivat hänen puhuneen unessa-nukkumisesta.

14. Silloin Jeesus sanoi heille suoraan: "Lasarus on kuollut,

15. ja minä iloitsen teidän tähtenne siitä, etten ollut siellä, jotta te uskoisitte; mutta menkäämme hänen tykönsä."

16. Niin Tuomas, jota sanottiin Didymukseksi, sanoi toisille opetuslapsille: "Menkäämme mekin sinne, kuollaksemme hänen kanssansa."

17. Niin Jeesus tuli ja sai tietää, että hän jo neljä päivää oli ollut haudassa.

18. Ja Betania oli lähellä Jerusalemia, noin viidentoista vakomitan päässä.

19. Ja useita juutalaisia oli tullut Martan ja Marian luokse lohduttamaan heitä heidän veljensä kuolemasta.

20. Kun Martta kuuli, että Jeesus oli tulossa, meni hän häntä vastaan; mutta Maria istui kotona.

21. Ja Martta sanoi Jeesukselle: "Herra, jos sinä olisit ollut täällä, niin minun veljeni ei olisi kuollut.

22. Mutta nytkin minä tiedän, että Jumala antaa sinulle kaiken, mitä sinä Jumalalta anot."

23. Jeesus sanoi hänelle: "Sinun veljesi on nouseva ylös."

24. Martta sanoi hänelle: "Minä tiedän hänen nousevan ylösnousemuksessa, viimeisenä päivänä."

25. Jeesus sanoi hänelle: "Minä olen ylösnousemus ja elämä; joka uskoo minuun, se elää, vaikka olisi kuollut.

26. Eikä yksikään, joka elää ja uskoo minuun, ikinä kuole. Uskotko sen?"

27. Hän sanoi hänelle: "Uskon, Herra; minä uskon, että sinä olet Kristus, Jumalan Poika, se, joka oli tuleva maailmaan."

28. Ja tämän sanottuaan hän meni ja kutsui salaa sisarensa Marian sanoen: "Opettaja on täällä ja kutsuu sinua."

29. Kun Maria sen kuuli, nousi hän nopeasti ja meni hänen luoksensa.

30. Mutta Jeesus ei ollut vielä saapunut kylään, vaan oli yhä siinä paikassa, missä Martta oli hänet kohdannut.

31. Kun nyt juutalaiset, jotka olivat Marian kanssa huoneessa häntä lohduttamassa, näkivät hänen nopeasti nousevan ja lähtevän ulos, seurasivat he häntä, luullen hänen menevän haudalle, itkemään siellä.

32. Kun siis Maria saapui sinne, missä Jeesus oli, ja näki hänet, lankesi hän hänen jalkojensa eteen ja sanoi hänelle: "Herra, jos sinä olisit ollut täällä, ei minun veljeni olisi kuollut."

33. Kun Jeesus näki hänen itkevän ja hänen kanssaan tulleiden juutalaisten itkevän, joutui hän hengessään syvän liikutuksen valtaan ja vapisi;

34. ja hän sanoi: "Mihin te panitte hänet?" He sanoivat hänelle: "Herra, tule ja katso."

35. Ja Jeesus itki.

36. Niin juutalaiset sanoivat: "Katso, kuinka rakas hän oli hänelle!"

37. Mutta muutamat heistä sanoivat: "Eikö hän, joka avasi sokean silmät, olisi voinut tehdä sitäkin, ettei tämä olisi kuollut?"

38. Niin Jeesus joutui taas liikutuksen valtaan ja meni haudalle; ja se oli luola, ja sen suulla oli kivi.

39. Jeesus sanoi: "Ottakaa kivi pois." Martta, kuolleen sisar, sanoi hänelle: "Herra, hän haisee jo, sillä hän on ollut haudassa neljättä päivää."

40. Jeesus sanoi hänelle: "Enkö minä sanonut sinulle, että jos uskoisit, niin sinä näkisit Jumalan kirkkauden?"

41. Niin he ottivat kiven pois. Ja Jeesus loi silmänsä ylös ja sanoi: "Isä, minä kiitän sinua, että olet minua kuullut.

42. Minä kyllä tiesin, että sinä minua aina kuulet; mutta kansan tähden, joka seisoo tässä ympärillä, minä tämän sanon, että he uskoisivat sinun lähettäneen minut."

43. Ja sen sanottuansa hän huusi suurella äänellä: "Lasarus, tule ulos!"

44. Ja kuollut tuli ulos, jalat ja kädet siteisiin käärittyinä, ja hänen kasvojensa ympärille oli kääritty hikiliina. Jeesus sanoi heille: "Päästäkää hänet ja antakaa hänen mennä."

45. Niin useat juutalaisista, jotka olivat tulleet Marian luokse ja nähneet, mitä Jeesus teki, uskoivat häneen.

46. Mutta muutamat heistä menivät fariseusten luo ja puhuivat heille, mitä Jeesus oli tehnyt.

47. Niin ylipapit ja fariseukset kokosivat neuvoston ja sanoivat: "Mitä me teemme, sillä tuo mies tekee paljon tunnustekoja?

48. Jos annamme hänen näin olla, niin kaikki uskovat häneen, ja roomalaiset tulevat ja ottavat meiltä sekä maan että kansan."

49. Mutta eräs heistä, Kaifas, joka sinä vuonna oli ylimmäinen pappi, sanoi heille: "Te ette tiedä mitään

50. ettekä ajattele, että teille on parempi, että yksi ihminen kuolee kansan edestä, kuin että koko kansa hukkuu."

51. Mutta sitä hän ei sanonut itsestään, vaan koska hän oli sinä vuonna ylimmäinen pappi, hän ennusti, että Jeesus oli kuoleva kansan edestä,

52. eikä ainoastaan tämän kansan edestä, vaan myös kootakseen yhdeksi hajalla olevat Jumalan lapset.

53. Siitä päivästä lähtien oli heillä siis tehtynä päätös tappaa hänet.

54. Sen tähden Jeesus ei enää vaeltanut julkisesti juutalaisten keskellä, vaan lähti sieltä lähellä erämaata olevaan paikkaan, Efraim nimiseen kaupunkiin; ja siellä hän oleskeli opetuslapsineen.

55. Mutta juutalaisten pääsiäinen oli lähellä, ja monet menivät maaseudulta ylös

Jerusalemiin ennen pääsiäisjuhlaa, puhdistamaan itsensä.

56. Ja he etsivät Jeesusta ja sanoivat toisilleen seisoessaan pyhäkössä: "Mitä arvelette? Eikö hän tullekaan juhlille?"

57. Mutta ylipapit ja fariseukset olivat antaneet käskyjä, että jos joku tietäisi, missä hän oli, hänen oli annettava se ilmi, jotta he ottaisivat hänet kiinni.

LUKU 12

1. Kuusi päivää ennen pääsiäistä Jeesus saapui Betaniaan, jossa Lasarus asui, hän, jonka Jeesus oli herättänyt kuolleista.

2. Siellä valmistettiin hänelle ateria, ja Martta palveli, mutta Lasarus oli yksi niistä, jotka olivat aterialla hänen kanssaan.

3. Niin Maria otti naulan oikeata, kallisarvoista nardusvoidetta ja voiteli Jeesuksen jalat ja pyyhki ne hiuksillaan; ja huone tuli täyteen voiteen tuoksua.

4. Silloin sanoi yksi hänen opetuslapsistaan, Juudas Iskariot, joka oli hänet kavaltava:

5. "Miksi ei tätä voidetta myyty kolmeensataan denariin ja niitä annettu köyhille?"

6. Mutta tätä hän ei sanonut sen tähden, että olisi pitänyt huolta köyhistä, vaan sen tähden, että hän oli varas ja että hän rahakukkaron hoitajana otti itselleen, mitä siihen oli pantu.

7. Niin Jeesus sanoi: "Anna hänen olla, että hän saisi toimittaa tämän minun hautaamispäiväni varalle.

8. Sillä köyhät teillä aina on keskuudessanne, mutta minua teillä ei ole aina."

9. Silloin suuri joukko juutalaisia sai tietää, että hän oli siellä; ja he menivät sinne, ei ainoastaan Jeesuksen tähden, vaan myöskin nähdäkseen Lasaruksen, jonka hän oli herättänyt kuolleista.

10. Mutta ylipapit päättivät tappaa Lasaruksenkin,

11. koska monet juutalaiset hänen tähtensä menivät sinne ja uskoivat Jeesukseen.

12. Seuraavana päivänä, kun suuri kansanjoukko, joka oli saapunut juhlille, kuuli, että Jeesus oli tulossa Jerusalemiin,

13. ottivat he palmupuiden oksia ja menivät häntä vastaan ja huusivat: "Hoosianna, siunattu olkoon hän, joka tulee Herran nimeen, Israelin kuningas!"

14. Ja saatuansa nuoren aasin Jeesus istui sen selkään, niin kuin kirjoitettu on:

15. "Älä pelkää, tytär Siion; katso, sinun kuninkaasi tulee istuen aasin varsan selässä."

16. Tätä hänen opetuslapsensa eivät aluksi ymmärtäneet; mutta kun Jeesus oli kirkastettu, silloin he muistivat, että tämä oli hänestä kirjoitettu ja että he olivat tämän hänelle tehneet.

17. Niin kansa, joka oli ollut hänen kanssansa, kun hän kutsui Lasaruksen haudasta ja herätti hänet kuolleista, todisti hänestä.

18. Sen tähden kansa menikin häntä vastaan, koska he kuulivat, että hän oli tehnyt sen tunnusteon.

19. Niin fariseukset sanoivat keskenään: "Te näette, ettette saa mitään aikaan; katso, koko maailma juoksee hänen perässään."

20. Ja oli muutamia kreikkalaisia niiden joukosta, jotka tulivat ylös juhlaan rukoilemaan.

21. Nämä menivät Filippuksen luo, joka oli Galilean Beetsaidasta, ja pyysivät häntä sanoen: "Herra, me haluamme nähdä Jeesuksen."

22. Filippus meni ja sanoi sen Andreaalle; Andreas ja Filippus menivät ja sanoivat Jeesukselle.

23. Mutta Jeesus vastasi heille sanoen: "Hetki on tullut, että Ihmisen Poika kirkastetaan.

24. Totisesti, totisesti minä sanon teille: jos ei nisun jyvä putoa maahan ja kuole, niin se jää yksin; mutta jos se kuolee, niin se tuottaa paljon hedelmää.

25. Joka elämäänsä rakastaa, kadottaa sen; mutta joka vihaa elämäänsä tässä maailmassa, hän on säilyttävä sen iankaikkiseen elämään.

26. Jos joku minua palvelee, seuratkoon hän minua; ja missä minä olen, siellä on myös minun palvelijani oleva. Ja jos joku minua palvelee, niin Isä on kunnioittava häntä.

27. Nyt minun sieluni on järkytetty; ja mitä pitäisi minun sanoman? Isä, pelasta minut tästä hetkestä. Kuitenkin: sitä varten minä olen tähän hetkeen tullut.

28. Isä, kirkasta nimesi!" Niin taivaasta tuli ääni: "Minä olen sen kirkastanut, ja olen sen vielä kirkastava."

29. Niin kansa, joka seisoi ja kuuli sen, sanoi ukkosen jylisseen. Toiset sanoivat: "Häntä puhutteli enkeli."

30. Jeesus vastasi ja sanoi: "Ei tämä ääni tullut minun tähteni, vaan teidän tähtenne.

31. Nyt käy tuomio tämän maailman ylitse; nyt tämän maailman ruhtinas pitää heitettämän ulos.

32. Ja kun minut ylennetään maasta, niin minä vedän kaikki tyköni."

33. Mutta sen hän sanoi antaen tietää, minkä kaltaisella kuolemalla hän oli kuoleva.

34. Kansa vastasi hänelle: "Me olemme laista kuulleet, että Kristus pysyy iankaikkisesti; kuinka sinä sitten sanot, että Ihmisen Poika pitää ylennettämän? Kuka on se Ihmisen Poika?"

35. Niin Jeesus sanoi heille: "Vielä vähän aikaa valkeus on teidän keskuudessanne. Vaeltakaa, niin kauan kuin teillä valkeus on, ettei pimeys saisi teitä valtaansa. Joka pimeässä vaeltaa, se ei tiedä, mihin hän menee.

36. Niin kauan kuin teillä valkeus on, uskokaa valkeuteen, että te valkeuden lapsiksi tulisitte." Tämän Jeesus puhui ja meni pois ja kätkeytyi heiltä.

37. Ja vaikka hän oli tehnyt niin monta tunnustekoa heidän nähtensä, eivät he uskoneet häneen,

38. että kävisi toteen profeetta Esaiaan sana, jonka hän on sanonut: "Herra, kuka uskoo meidän saarnamme, ja kenelle Herran käsivarsi ilmoitetaan?"

39. Sen tähden he eivät voineet uskoa, koska Esaias on vielä sanonut:

40. "Hän on sokaissut heidän silmänsä ja paaduttanut heidän sydämensä, että he eivät näkisi silmillään eivätkä ymmärtäisi sydämellään eivätkä kääntyisi ja etten minä heitä parantaisi."

41. Tämän Esaias sanoi, kun hän näki hänen kirkkautensa ja puhui hänestä.

42. Kuitenkin useat hallitusmiehistäkin uskoivat häneen, mutta fariseusten tähden he eivät sitä tunnustaneet, etteivät joutuisi synagoogasta erotetuiksi.

43. Sillä he rakastivat ihmiskunniaa enemmän kuin Jumalan kunniaa.

44. Mutta Jeesus huusi ja sanoi: "Joka uskoo minuun, se ei usko minuun, vaan häneen, joka on minut lähettänyt.

45. Ja joka näkee minut, näkee hänet, joka on minut lähettänyt.

46. Minä olen tullut valkeudeksi maailmaan, ettei yksikään, joka minuun uskoo, jäisi pimeyteen.

47. Ja jos joku kuulee minun sanani eikä niitä noudata, niin häntä en minä tuomitse; sillä en minä ole tullut maailmaa tuomitsemaan, vaan pelastamaan maailman.

48. Joka katsoo minut ylen eikä ota vastaan minun sanojani, hänellä on tuomitsijansa: se sana, jonka minä olen puhunut, se on tuomitseva hänet viimeisenä päivänä.

49. Sillä en minä itsestäni ole puhunut, vaan Isä, joka on minut lähettänyt, on itse antanut minulle käskyn, mitä minun pitää sanoman ja mitä puhuman.

50. Ja minä tiedän, että **hänen käskynsä on iankaikkinen elämä.** Sen tähden, minkä minä puhun, sen minä puhun niin, kuin Isä on minulle sanonut."

LUKU 13

1. Mutta ennen pääsiäisjuhlaa, kun Jeesus tiesi hetkensä tulleen, että hän oli siirtyvä tästä maailmasta Isän tykö, niin hän, joka oli rakastanut omiansa, jotka maailmassa olivat, osoitti heille rakkautta loppuun asti.

2. Ja ehtoollisella oltaessa, kun perkele jo oli pannut Juudas Iskariotin, Simonin pojan, sydämeen, että hän kavaltaisi Jeesuksen,

3. niin Jeesus, tietäen, että Isä oli antanut kaikki hänen käsiinsä ja että hän oli lähtenyt Jumalan tyköä ja oli menevä Jumalan tykö,

4. nousi ehtoolliselta ja riisui vaippansa, otti liinavaatteen ja vyötti sillä itsensä.

5. Sitten hän kaatoi vettä pesumaljaan ja rupesi pesemään opetuslastensa jalkoja ja pyyhkimään niitä liinavaatteella, jolla oli vyöttäytynyt.

6. Niin hän tuli Simon Pietarin kohdalle, ja tämä sanoi hänelle: "Herra, sinäkö peset minun jalkani?"

7. Jeesus vastasi ja sanoi hänelle: "Mitä minä teen, sitä et nyt käsitä, mutta vastedes sinä sen ymmärrät."

8. Pietari sanoi hänelle: "Et ikinä sinä saa pestä minun jalkojani." Jeesus vastasi hänelle: "Ellen minä sinua pese, ei sinulla ole osuutta minun kanssani."

9. Simon Pietari sanoi hänelle: "Herra, älä pese ainoastaan minun jalkojani, vaan myös kädet ja pää."

10. Jeesus sanoi hänelle: "Joka on kylpenyt, ei tarvitse muuta, kuin että jalat pestään, ja niin hän on kokonaan puhdas; ja te olette puhtaat, ette kuitenkaan kaikki."

11. Sillä hän tiesi kavaltajansa; sen tähden hän sanoi: "Ette kaikki ole puhtaat."

12. Kun hän siis oli pessyt heidän jalkansa ja ottanut vaippansa ja taas asettunut aterialle, sanoi hän heille: "Ymmärrättekö, mitä minä olen teille tehnyt?

13. Te puhuttelette minua opettajaksi ja Herraksi, ja oikein te sanotte, sillä se minä olen.

14. Jos siis minä, teidän Herranne ja opettajanne, olen pessyt teidän jalkanne, olette tekin velvolliset pesemään toistenne jalat.

15. Sillä minä annoin teille esikuvan, että myös te niin tekisitte, kuin minä olen teille tehnyt.

16. Totisesti, totisesti minä sanon teille: ei ole palvelija herraansa suurempi eikä lähettiläs lähettäjäänsä suurempi.

17. Jos te tämän tiedätte, niin olette autuaat, jos te sen teette.

18. En minä puhu teistä kaikista: minä tiedän, ketkä olen valinnut; mutta tämän kirjoituksen piti käymän toteen: 'Joka minun leipääni syö, on nostanut kantapäänsä minua vastaan.'

19. Jo nyt minä sanon sen teille, ennen kuin se tapahtuu, että te, kun se tapahtuu, uskoisitte, että minä olen se.

20. Totisesti, totisesti minä sanon teille: joka ottaa vastaan sen, jonka minä lähetän, se ottaa vastaan minut; mutta joka ottaa vastaan minut, se ottaa vastaan hänet, joka on minut lähettänyt.

21. Tämän sanottuaan Jeesus tuli järkytetyksi hengessään ja todisti ja sanoi: "Totisesti, totisesti minä sanon teille: yksi teistä on minut kavaltava."

22. Niin opetuslapset katsoivat toisiinsa epätietoisina, kenestä hän puhui.

23. Ja eräs hänen opetuslapsistaan, se, jota Jeesus rakasti, lepäsi aterioitaessa Jeesuksen syliä vasten.

24. Simon Pietari nyökäytti hänelle päätään ja sanoi hänelle: "Sano, kuka se on, josta hän puhuu."

25. Niin tämä, nojautuen Jeesuksen rintaa vasten, sanoi hänelle: "Herra, kuka se on?"

26. Jeesus vastasi: "Se on se, jolle minä kastan ja annan tämän palan." Niin hän otti palan, kastoi sen ja antoi Juudaalle, Simon Iskariotin pojalle.

27. Ja silloin, sen palan jälkeen, meni häneen saatana. Niin Jeesus sanoi hänelle: "Minkä teet, se tee pian."

28. Mutta ei kukaan aterioivista ymmärtänyt, mitä varten hän sen hänelle sanoi.

29. Sillä muutamat luulivat, koska rahakukkaro oli Juudaalla, Jeesuksen sanoneen hänelle: "Osta, mitä tarvitsemme juhlaksi", tai että hän antaisi jotakin köyhille.

30. Niin hän, otettuaan sen palan, meni kohta ulos; ja oli yö.

31. Kun hän oli mennyt ulos, sanoi Jeesus: "Nyt Ihmisen Poika on kirkastettu, ja Jumala on kirkastettu hänessä.

32. Jos Jumala on kirkastettu hänessä, niin kirkastaa myös Jumala hänet itsessään ja kirkastaa hänet pian.

33. Lapsukaiset, vielä vähän aikaa minä olen teidän kanssanne. Te tulette minua etsimään, ja niin kuin sanoin juutalaisille: 'Mihin minä menen, sinne te ette voi tulla', niin minä sanon nyt myös teille.

34. Uuden käskyn minä annan teille, että rakastatte toisianne, niin kuin minä olen teitä rakastanut - että tekin niin rakastatte toisianne.

35. Siitä kaikki tuntevat teidät minun opetuslapsikseni, jos teillä on keskinäinen rakkaus."

36. Simon Pietari sanoi hänelle: "Herra, mihin sinä menet?" Jeesus vastasi hänelle: "Mihin minä menen, sinne sinä et voi nyt minua seurata, mutta vastedes olet minua seuraava."

37. Pietari sanoi hänelle: "Herra, miksi en nyt voi seurata sinua? Henkeni minä annan sinun edestäsi."

38. Jeesus vastasi: "Sinäkö annat henkesi minun edestäni? Totisesti, totisesti minä sanon sinulle: ei laula kukko, ennen kuin sinä minut kolmesti kiellät."

LUKU 14

1. "Älköön teidän sydämenne olko murheellinen. Uskokaa Jumalaan, ja uskokaa minuun.

2. Minun Isäni kodissa on monta asuinsijaa. Jos ei niin olisi, sanoisinko minä teille, että minä menen valmistamaan teille sijaa?

3. Ja vaikka minä menen valmistamaan teille sijaa, tulen minä takaisin ja otan teidät tyköni, että tekin olisitte siellä, missä minä olen.

4. Ja mihin minä menen - tien sinne te tiedätte."

5. Tuomas sanoi hänelle: "Herra, me emme tiedä, mihin sinä menet; kuinka sitten tietäisimme tien?"

6. Jeesus sanoi hänelle: "Minä olen tie ja totuus ja elämä; ei kukaan tule Isän tykö muutoin kuin minun kauttani.

7. Jos te olisitte tunteneet minut, niin te tuntisitte myös minun Isäni; tästälähin te tunnette hänet, ja te olette nähneet hänet."

8. Filippus sanoi hänelle: "Herra, näytä meille Isä, niin me tyydymme."

9. Jeesus sanoi hänelle: "Niin kauan aikaa minä olen ollut teidän kanssanne, etkä sinä tunne minua, Filippus! Joka on nähnyt minut, on nähnyt Isän; kuinka sinä sitten sanot: 'Näytä meille Isä'?

10. Etkö usko, että minä olen Isässä, ja että Isä on minussa? Niitä sanoja, jotka minä teille puhun, minä en puhu itsestäni; ja Isä, joka minussa asuu, tekee teot, jotka ovat hänen.

11. Uskokaa minua, että minä olen Isässä, ja että Isä on minussa; mutta jos ette, niin uskokaa itse tekojen tähden.

12. Totisesti, totisesti minä sanon teille: joka uskoo minuun, myös hän on tekevä niitä tekoja, joita minä teen, ja suurempiakin, kuin ne ovat, hän on tekevä; sillä minä menen Isän tykö,

13. ja mitä hyvänsä te anotte minun nimessäni, sen minä teen, että Isä kirkastettaisiin Pojassa.

14. Jos te anotte minulta jotakin minun nimessäni, niin minä sen teen.

15. Jos te minua rakastatte, niin te pidätte minun käskyni.

16. Ja minä olen rukoileva Isää, ja hän antaa teille toisen Puolustajan olemaan teidän kanssanne iankaikkisesti,

17. totuuden Hengen, jota maailma ei voi ottaa vastaan, koska se ei näe häntä eikä tunne häntä; mutta te tunnette hänet, sillä hän pysyy teidän tykönänne ja on teissä oleva.

18. En minä jätä teitä orvoiksi; minä tulen teidän tykönne.

19. Vielä vähän aikaa, niin maailma ei enää minua näe, mutta te näette minut; koska minä elän, niin tekin saatte elää.

20. Sinä päivänä te ymmärrätte, että minä olen Isässäni, ja että te olette minussa ja minä teissä.

21. Jolla on minun käskyni ja joka ne pitää, hän on se, joka minua rakastaa, mutta joka minua rakastaa, häntä minun Isäni rakastaa, ja minä rakastan häntä ja ilmoitan itseni hänelle."

22. Juudas, ei se Iskariot, sanoi hänelle: "Herra, mistä syystä sinä aiot ilmoittaa itsesi meille etkä maailmalle?"

23. Jeesus vastasi ja sanoi hänelle: "Jos joku rakastaa minua, niin hän pitää minun sanani, ja minun Isäni rakastaa häntä, ja me tulemme hänen tykönsä ja jäämme hänen tykönsä asumaan.

24. Joka ei minua rakasta, se ei pidä minun sanojani; ja se sana, jonka te kuulette, ei ole minun, vaan Isän, joka on minut lähettänyt.

25. <u>Tämän minä olen teille puhunut ollessani teidän tykönänne.</u>

26. <u>Mutta Puolustaja, Pyhä Henki, jonka Isä on lähettävä minun nimessäni, hän opettaa teille kaikki ja muistuttaa teitä kaikesta, minkä minä olen teille sanonut.</u>

27. Rauhan minä jätän teille: minun rauhani - sen minä annan teille. En minä anna teille, niin kuin maailma antaa. Älköön teidän sydämenne olko murheellinen älköönkä peljätkö.

28. Te kuulitte minun sanovan teille: 'Minä menen pois ja palajan jälleen teidän tykönne.' Jos te minua rakastaisitte, niin te iloitsisitte siitä, että minä menen Isän tykö, sillä Isä on minua suurempi.

29. Ja nyt minä olen sanonut sen teille, ennen kuin se on tapahtunut, että te uskoisitte, kun se tapahtuu.

30. En minä enää puhu paljoa teidän kanssanne, sillä maailman ruhtinas tulee, ja minussa hänellä ei ole mitään.

31. Mutta että maailma ymmärtäisi minun rakastavan Isää ja tekevän, niin kuin Isä on minua käskenyt: nouskaa, lähtekäämme täältä."

LUKU 15

1. "Minä olen totinen viinipuu, ja minun Isäni on viinitarhuri.

2. Jokaisen oksan minussa, joka ei kanna hedelmää, hän karsii pois; ja jokaisen, joka kantaa hedelmää, hän puhdistaa, että se kantaisi runsaamman hedelmän.

3. Te olette jo puhtaat sen sanan tähden, jonka minä olen teille puhunut.

4. Pysykää minussa, niin minä pysyn teissä. Niin kuin oksa ei voi kantaa hedelmää itsestään, ellei se pysy viinipuussa, niin ette tekään, ellette pysy minussa.

5. Minä olen viinipuu, te olette oksat. Joka pysyy minussa ja jossa minä pysyn, se kantaa paljon hedelmää; sillä ilman minua te ette voi mitään tehdä.

6. Jos joku ei pysy minussa, niin hänet heitetään pois niin kuin oksa, ja hän kuivettuu; ja ne kootaan yhteen ja heitetään tuleen, ja ne palavat.

7. Jos te pysytte minussa ja minun sanani pysyvät teissä, niin anokaa, mitä ikinä tahdotte, ja te saatte sen.

8. Siinä minun Isäni kirkastetaan, että te kannatte paljon hedelmää ja tulette minun opetuslapsikseni.

9. Niin kuin Isä on minua rakastanut, niin minäkin olen rakastanut teitä; pysykää minun rakkaudessani.

10. Jos te pidätte minun käskyni, niin te pysytte minun rakkaudessani, niin kuin minä olen pitänyt Isäni käskyt ja pysyn hänen rakkaudessaan.

11. Tämän minä olen teille puhunut, että minun iloni olisi teissä ja teidän ilonne tulisi täydelliseksi.

12. Tämä on minun käskyni, että te rakastatte toisianne, niin kuin minä olen teitä rakastanut.

13. Sen suurempaa rakkautta ei ole kenelläkään, kuin että hän antaa henkensä ystäväinsä edestä.

14. Te olette minun ystäväni, jos teette, mitä minä käsken teidän tehdä.

15. En minä enää sano teitä palvelijoiksi, sillä palvelija ei tiedä, mitä hänen herransa tekee; vaan ystäviksi minä sanon teitä, sillä

115

minä olen ilmoittanut teille kaikki, mitä minä olen kuullut Isältäni.

16. Te ette valinneet minua, vaan minä valitsin teidät ja asetin teidät, että te menisitte ja kantaisitte hedelmää ja että teidän hedelmänne pysyisi: että mitä ikinä te anotte Isältä minun nimessäni, hän sen teille antaisi.

17. Sen käskyn minä teille annan, että rakastatte toisianne.

18. Jos maailma teitä vihaa, niin tietäkää, että se on vihannut minua ennen kuin teitä.

19. Jos te maailmasta olisitte, niin maailma omaansa rakastaisi; mutta koska te ette ole maailmasta, vaan minä olen teidät maailmasta valinnut, sen tähden maailma teitä vihaa.

20. Muistakaa se sana, jonka minä teille sanoin: 'Ei ole palvelija herraansa suurempi.' Jos he ovat minua vainonneet, niin he teitäkin vainoavat; jos he ovat ottaneet vaarin minun sanastani, niin he ottavat vaarin teidänkin sanastanne.

21. Mutta kaiken tämän he tekevät teille minun nimeni tähden, koska he eivät tunne häntä, joka on minut lähettänyt.

22. Jos minä en olisi tullut ja puhunut heille, ei heillä olisi syntiä; mutta nyt heillä ei ole, millä syntiänsä puolustaisivat.

23. Joka vihaa minua, se vihaa myös minun Isääni.

24. Jos minä en olisi tehnyt heidän keskuudessaan niitä tekoja, joita ei kukaan muu ole tehnyt, ei heillä olisi syntiä; mutta nyt he ovat nähneet ja ovat vihanneet sekä minua että minun Isääni.

25. Mutta se sana oli käyvä toteen, joka on kirjoitettuna heidän laissaan: 'He ovat vihanneet minua syyttä.'

26. Mutta kun Puolustaja tulee, jonka minä lähetän teille Isän tyköä, totuuden Henki, joka lähtee Isän tyköä, niin hän on todistava minusta.

27. Ja te myös todistatte, sillä te olette alusta asti olleet minun kanssani."

LUKU 16

1. "Tämän minä olen teille puhunut, ettette loukkaantuisi.

2. He erottavat teidät synagoogasta; ja tulee aika, jolloin jokainen, joka tappaa teitä, luulee tekevänsä uhripalveluksen Jumalalle.

3. Ja sen he tekevät teille, koska he eivät tunne Isää eivätkä minua.

4. Mutta tämän minä olen puhunut teille, että, kun se aika tulee, te muistaisitte minun sen teille sanoneen. Tätä minä en ole sanonut teille alusta, koska minä olin teidän kanssanne.

5. Mutta nyt minä menen hänen tykönsä, joka on minut lähettänyt, eikä kukaan teistä kysy minulta: 'Mihin sinä menet?'

6. Mutta koska minä olen tämän teille puhunut, täyttää murhe teidän sydämenne.

7. Kuitenkin minä sanon teille totuuden: teille on hyväksi, että minä menen pois. Sillä ellen minä mene pois, ei Puolustaja tule teidän tykönne; mutta jos minä menen, niin minä hänet teille lähetän.

8. Ja kun hän tulee, niin hän näyttää maailmalle todeksi synnin ja vanhurskauden ja tuomion:

9. synnin, koska he eivät usko minuun;

10. vanhurskauden, koska minä menen Isän tykö, ettekä te enää minua näe;

11. ja tuomion, koska tämän maailman ruhtinas on tuomittu.

12. Minulla on vielä paljon sanottavaa teille, mutta te ette voi nyt sitä kantaa.

13. Mutta kun hän tulee, totuuden Henki, johdattaa hän teidät kaikkeen totuuteen. Sillä se, mitä hän puhuu, ei ole hänestä itsestään; vaan minkä hän kuulee, sen hän puhuu, ja tulevaiset hän teille julistaa.

14. Hän on minut kirkastava, sillä hän ottaa minun omastani ja julistaa teille.

15. Kaikki, mitä Isällä on, on minun; sen tähden minä sanoin, että hän ottaa minun omastani ja julistaa teille.

16. Vähän aikaa, niin te ette enää minua näe, ja taas vähän aikaa, niin te näette minut."

17. Silloin muutamat hänen opetuslapsistansa sanoivat toisilleen: "Mitä se tarkoittaa, kun hän sanoo meille: 'Vähän aikaa, niin te ette minua näe, ja taas vähän aikaa, niin te näette minut', ja: 'Minä menen Isän tykö'?"

18. Niin he sanoivat: "Mitä se tarkoittaa, kun hän sanoo: 'Vähän aikaa'? Emme ymmärrä, mitä hän puhuu."

19. Jeesus huomasi heidän tahtovan kysyä häneltä ja sanoi heille: "Sitäkö te kyselette keskenänne, että minä sanoin: 'Vähän aikaa, niin te ette minua näe, ja taas vähän aikaa, niin te näette minut'?

20. Totisesti, totisesti minä sanon teille: te joudutte itkemään ja valittamaan, mutta maailma on iloitseva; te tulette murheellisiksi, mutta teidän murheenne on muuttuva iloksi.

21. Kun vaimo synnyttää, on hänellä murhe, koska hänen hetkensä on tullut; mutta kun hän on synnyttänyt lapsen, ei hän enää muista ahdistustaan sen ilon tähden, että ihminen on syntynyt maailmaan.

22. Niin on myös teillä nyt murhe; mutta minä olen taas näkevä teidät, ja teidän sydämenne on iloitseva, eikä kukaan ota teiltä pois teidän iloanne.

23. Ja sinä päivänä te ette minulta mitään kysy. Totisesti, totisesti minä sanon teille: jos te anotte jotakin Isältä, on hän sen teille antava minun nimessäni.

24. Tähän asti te ette ole anoneet mitään minun nimessäni; anokaa, niin te saatte, että teidän ilonne olisi täydellinen.

25. Tämän minä olen puhunut teille kuvauksilla; mutta tulee aika, jolloin minä en puhu teille enää kuvauksilla, vaan avonaisesti julistan teille sanomaa Isästä.

26. Sinä päivänä te anotte minun nimessäni; enkä minä sano teille, että minä olen rukoileva Isää teidän edestänne;

27. sillä Isä itse rakastaa teitä, sen tähden että te olette minua rakastaneet ja uskoneet minun lähteneen Jumalan tyköä.

28. Minä olen lähtenyt Isästä ja tullut maailmaan; jälleen minä jätän maailman ja menen Isän tykö."

29. Hänen opetuslapsensa sanoivat: "Katso, nyt sinä puhut avonaisesti etkä käytä mitään kuvausta.

30. Nyt me tiedämme, että sinä tiedät kaikki, etkä tarvitse, että kukaan sinulta kysyy; sen tähden me uskomme sinun Jumalan tyköä lähteneen."

31. Jeesus vastasi heille: "Nyt te uskotte.

32. Katso, tulee hetki ja on jo tullut, jona teidät hajotetaan kukin tahollensa ja te jätätte minut yksin; en minä kuitenkaan yksin ole, sillä Isä on minun kanssani.

33. Tämän minä olen teille puhunut, että teillä olisi minussa rauha. Maailmassa teillä on ahdistus; mutta olkaa turvallisella mielellä: minä olen voittanut maailman."

LUKU 17

1. Tämän Jeesus puhui ja nosti silmänsä taivasta kohti ja sanoi: "Isä, hetki on tullut, kirkasta Poikasi, että Poikasi kirkastaisi sinut;

2. koska sinä olet antanut hänen valtaansa kaiken lihan, että hän antaisi iankaikkisen elämän kaikille, jotka sinä olet hänelle antanut.

3. Mutta tämä on iankaikkinen elämä, että he tuntevat sinut, joka yksin olet totinen Jumala, ja hänet, jonka sinä olet lähettänyt, Jeesuksen Kristuksen.

4. Minä olen kirkastanut sinut maan päällä: minä olen täyttänyt sen työn, jonka sinä annoit minun tehtäväkseni.

5. Ja nyt, Isä, kirkasta sinä minut tykönäsi sillä kirkkaudella, joka minulla oli sinun tykönäsi, ennen kuin maailma olikaan.

6. Minä olen ilmoittanut sinun nimesi ihmisille, jotka sinä annoit minulle maailmasta. He olivat sinun, ja sinä annoit heidät minulle, ja he ovat ottaneet sinun sanastasi vaarin.

7. Nyt he tietävät, että kaikki, minkä olet minulle antanut, on sinulta.

8. Sillä ne sanat, jotka sinä minulle annoit, minä olen antanut heille; ja he ovat ottaneet ne vastaan ja tietävät totisesti minun lähteneen sinun tyköäsi ja uskovat, että sinä olet minut lähettänyt.

9. Minä rukoilen heidän edestänsä; en minä maailman edestä rukoile, vaan niiden edestä, jotka sinä olet minulle antanut, koska he ovat sinun -

10. ja kaikki minun omani ovat sinun, ja sinun omasi ovat minun - ja minä olen kirkastettu heissä.

11. Ja minä en enää ole maailmassa, mutta he ovat maailmassa, ja minä tulen sinun tykösi. Pyhä Isä, varjele heidät nimessäsi, jonka sinä olet minulle antanut, että he olisivat yhtä niin kuin mekin.

12. Kun minä olin heidän kanssansa, varjelin minä heidät sinun nimessäsi, jonka sinä olet minulle antanut, ja suojelin heitä, eikä heistä joutunut kadotetuksi yksikään muu kuin se kadotuksen lapsi, että kirjoitus kävisi toteen.

13. Mutta nyt minä tulen sinun tykösi ja puhun tätä maailmassa, että heillä olisi minun iloni täydellisenä heissä itsessään.

14. Minä olen antanut heille sinun sanasi, ja maailma vihaa heitä, koska he eivät ole maailmasta, niin kuin en minäkään maailmasta ole.

15. En minä rukoile, että ottaisit heidät pois maailmasta, vaan että sinä varjelisit heidät pahasta.

16. He eivät ole maailmasta, niin kuin en minäkään maailmasta ole.

17. Pyhitä heidät totuudessa; sinun sanasi on totuus.

18. Niin kuin sinä olet lähettänyt minut maailmaan, niin olen minäkin lähettänyt heidät maailmaan;

19. ja minä pyhitän itseni heidän tähtensä, että myös he olisivat pyhitetyt totuudessa.

20. Mutta en minä rukoile ainoastaan näiden edestä, vaan myös niiden edestä, jotka heidän sanansa kautta uskovat minuun,

21. että he kaikki olisivat yhtä, niin kuin sinä, Isä, olet minussa ja minä sinussa, että hekin

meissä olisivat, niin että maailma uskoisi, että sinä olet minut lähettänyt.

22. Ja sen kirkkauden, jonka sinä minulle annoit, minä olen antanut heille, että he olisivat yhtä, niin kuin me olemme yhtä -

23. minä heissä, ja sinä minussa - että he olisivat täydellisesti yhtä, niin että maailma ymmärtäisi, että sinä olet minut lähettänyt ja rakastanut heitä, niin kuin sinä olet minua rakastanut.

24. Isä, minä tahdon, että missä minä olen, siellä nekin, jotka sinä olet minulle antanut, olisivat minun kanssani, että he näkisivät minun kirkkauteni, jonka sinä olet minulle antanut, koska olet rakastanut minua jo ennen maailman perustamista.

25. Vanhurskas Isä, maailma ei ole sinua tuntenut, mutta minä tunnen sinut, ja nämä ovat tulleet tuntemaan, että sinä olet minut lähettänyt.

26. Ja minä olen tehnyt sinun nimesi heille tunnetuksi ja teen vastakin, että se rakkaus, jolla sinä olet minua rakastanut, olisi heissä ja minä olisin heissä."

LUKU 18

1. Kun Jeesus oli tämän puhunut, lähti hän pois opetuslastensa kanssa Kedronin puron tuolle puolelle; siellä oli puutarha, johon hän meni opetuslapsinensa.

2. Mutta myös Juudas, joka hänet kavalsi, tiesi sen paikan, koska Jeesus ja hänen opetuslapsensa usein olivat kokoontuneet sinne.

3. Niin Juudas otti sotilasjoukon sekä ylipappien ja fariseusten palvelijoita ja tuli sinne soihdut ja lamput ja aseet mukanaan.

4. Silloin Jeesus, joka tiesi kaiken, mikä oli häntä kohtaava, astui esiin ja sanoi heille: "Ketä te etsitte?"

5. He vastasivat hänelle: "Jeesusta, Nasaretilaista." Jeesus sanoi heille: "Minä se olen." Ja Juudas, joka hänet kavalsi, seisoi myös heidän kanssaan.

6. Kun hän siis sanoi heille: "Minä se olen", peräytyivät he ja kaatuivat maahan.

7. Niin hän taas kysyi heiltä: "Ketä te etsitte?" He sanoivat: "Jeesusta, Nasaretilaista."

8. Jeesus vastasi: "Minähän sanoin teille, että minä se olen. Jos te siis minua etsitte, niin antakaa näiden mennä";

9. että se sana kävisi toteen, jonka hän oli sanonut: "En minä ole kadottanut ketään niistä, jotka sinä olet minulle antanut."

10. Niin Simon Pietari, jolla oli miekka, veti sen ja iski ylimmäisen papin palvelijaa ja sivalsi häneltä pois oikean korvan; ja palvelijan nimi oli Malkus.

11. Niin Jeesus sanoi Pietarille: "Pistä miekkasi tuppeen. Enkö minä joisi sitä maljaa, jonka Isä on minulle antanut?"

12. Niin sotilasjoukko ja päällikkö ja juutalaisten palvelijat ottivat Jeesuksen kiinni ja sitoivat hänet

13. ja veivät ensin Hannaan luo, sillä hän oli Kaifaan appi, ja Kaifas oli sinä vuonna ylimmäisenä pappina.

14. Ja Kaifas oli se, joka neuvottelussa oli juutalaisille sanonut: "On hyödyllistä, että yksi ihminen kuolee kansan edestä."

15. Ja Jeesusta seurasi Simon Pietari ja eräs toinen opetuslapsi. Tämä opetuslapsi oli ylimmäisen papin tuttava ja meni

Jeesuksen kanssa sisälle ylimmäisen papin kartanoon.

16. Mutta Pietari seisoi portilla ulkona. Niin se toinen opetuslapsi, joka oli ylimmäisen papin tuttava, meni ulos ja puhutteli portinvartijatarta ja toi Pietarin sisälle.

17. Niin palvelijatar, joka vartioi porttia, sanoi Pietarille: "Etkö sinäkin ole tuon miehen opetuslapsia?" Hän sanoi: "En ole."

18. Mutta palvelijat ja käskyläiset olivat tehneet hiilivalkean, koska oli kylmä, ja seisoivat ja lämmittelivät. Ja myös Pietari seisoi heidän kanssaan lämmittelemässä.

19. Niin ylimmäinen pappi kysyi Jeesukselta hänen opetuslapsistaan ja opistaan.

20. Jeesus vastasi hänelle: "Minä olen julkisesti puhunut maailmalle; minä olen aina opettanut synagoogissa ja pyhäkössä, joihin kaikki juutalaiset kokoontuvat, enkä ole salassa puhunut mitään.

21. Miksi minulta kysyt? Kysy niiltä, jotka ovat kuulleet, mitä minä olen heille puhunut; katso, he tietävät, mitä minä olen sanonut."

22. Mutta kun Jeesus oli tämän sanonut, antoi eräs palvelija, joka seisoi vieressä,

hänelle korvapuustin sanoen: "Niinkö sinä vastaat ylimmäiselle papille?"

23. Jeesus vastasi hänelle: "Jos minä pahasti puhuin, niin näytä toteen, että se on pahaa; mutta jos minä puhuin oikein, miksi minua lyöt?"

24. Niin Hannas lähetti hänet sidottuna ylimmäisen papin Kaifaan luo.

25. Mutta Simon Pietari seisoi lämmittelemässä. Niin he sanoivat hänelle: "Etkö sinäkin ole hänen opetuslapsiaan?" Hän kielsi ja sanoi: "En ole."

26. Silloin eräs ylimmäisen papin palvelijoista, sen sukulainen, jolta Pietari oli sivaltanut korvan pois, sanoi: "Enkö minä nähnyt sinua puutarhassa hänen kanssaan?"

27. Niin Pietari taas kielsi, ja samassa lauloi kukko.

28. Niin he veivät Jeesuksen Kaifaan luota palatsiin; ja oli varhainen aamu. Ja itse he eivät menneet sisälle palatsiin, etteivät saastuisi, vaan saattaisivat syödä pääsiäislammasta.

29. Niin Pilatus meni ulos heidän luokseen ja sanoi: "Mikä syytös ja kanne teillä on tätä miestä vastaan?"

30. He vastasivat ja sanoivat hänelle: "Jos tämä ei olisi pahantekijä, emme olisi antaneet häntä sinun käsiisi."

31. Niin Pilatus sanoi heille: "Ottakaa te hänet ja tuomitkaa hänet lakinne mukaan." Juutalaiset sanoivat hänelle: "Meidän ei ole lupa ketään tappaa";

32. että Jeesuksen sana kävisi toteen, jonka hän oli sanonut, antaen tietää, minkälaisella kuolemalla hän oli kuoleva.

33. Niin Pilatus meni taas sisälle palatsiin ja kutsui Jeesuksen ja sanoi hänelle: "Oletko sinä juutalaisten kuningas?"

34. Jeesus vastasi hänelle: "Itsestäsikö sen sanot, vai ovatko muut sen sinulle minusta sanoneet?"

35. Pilatus vastasi: "Olenko minä juutalainen? Oma kansasi ja ylipapit ovat antaneet sinut minun käsiini. Mitä olet tehnyt?"

36. Jeesus vastasi: "Minun kuninkuuteni ei ole tästä maailmasta; jos minun kuninkuuteni

olisi tästä maailmasta, niin minun palvelijani olisivat taistelleet, ettei minua olisi annettu juutalaisten käsiin; mutta nyt minun kuninkuuteni ei ole täältä."

37. Niin Pilatus sanoi hänelle: "Sinä siis kuitenkin olet kuningas?" Jeesus vastasi: "Sinäpä sen sanot, että minä olen kuningas. Sitä varten minä olen syntynyt ja sitä varten maailmaan tullut, että minä todistaisin totuuden puolesta. Jokainen, joka on totuudesta, kuulee minun ääneni."

38. Pilatus sanoi hänelle: "Mikä on totuus?" Ja sen sanottuaan hän taas meni ulos juutalaisten luo ja sanoi heille: "Minä en löydä hänessä yhtäkään syytä.

39. Mutta te olette tottuneet siihen, että minä päästän teille yhden vangin irti pääsiäisenä; tahdotteko siis, että päästän teille juutalaisten kuninkaan?"

40. Niin he taas huusivat sanoen: "Älä häntä, vaan Barabbas!" Mutta Barabbas oli ryöväri.

LUKU 19

1. Silloin Pilatus otti Jeesuksen ja ruoskitti hänet.

2. Ja sotamiehet väänsivät kruunun orjantappuroista, panivat sen hänen päähänsä ja pukivat hänen ylleen purppuraisen vaipan

3. ja tulivat hänen luoksensa ja sanoivat: "Terve, juutalaisten kuningas"; ja he antoivat hänelle korvapuusteja.

4. Pilatus meni taas ulos ja sanoi heille: "Katso, minä tuon hänet ulos teille, tietääksenne, etten minä löydä hänessä yhtäkään syytä."

5. Niin Jeesus tuli ulos, orjantappurakruunu päässään ja purppurainen vaippa yllään. Ja Pilatus sanoi heille: "Katso ihmistä!"

6. Kun siis ylipapit ja palvelijat näkivät hänet, huusivat he sanoen: "Ristiinnaulitse, ristiinnaulitse!" Pilatus sanoi heille: "Ottakaa te hänet ja ristiinnaulitkaa, sillä minä en löydä hänessä mitään syytä."

7. Juutalaiset vastasivat hänelle: "Meillä on laki, ja lain mukaan hänen pitää kuoleman,

koska hän on tehnyt itsensä Jumalan Pojaksi."

8. Kun nyt Pilatus kuuli tämän sanan, pelkäsi hän vielä enemmän

9. ja meni taas sisälle palatsiin ja sanoi Jeesukselle: "Mistä sinä olet?" Mutta Jeesus ei hänelle vastannut.

10. Niin Pilatus sanoi hänelle: "Etkö puhu minulle? Etkö tiedä, että minulla on valta sinut päästää ja minulla on valta sinut ristiinnaulita?"

11. Jeesus vastasi: "Sinulla ei olisi mitään valtaa minuun, ellei sitä olisi annettu sinulle ylhäältä. Sen tähden on sen synti suurempi, joka jätti minut sinun käsiisi."

12. Tämän tähden Pilatus koetti päästää hänet irti. Mutta juutalaiset huusivat sanoen: "Jos päästät hänet, et ole keisarin ystävä; jokainen, joka tekee itsensä kuninkaaksi, asettuu keisaria vastaan."

13. Kun Pilatus kuuli nämä sanat, antoi hän viedä Jeesuksen ulos ja istui tuomarinistuimelle, paikalle, jonka nimi on Litostroton, hebreaksi Gabbata.

14. Ja oli pääsiäisen valmistuspäivä, noin kuudes hetki. Ja hän sanoi juutalaisille: "Katso, teidän kuninkaanne!"

15. Niin he huusivat: "Vie pois, vie pois, ristiinnaulitse hänet!" Pilatus sanoi heille: "Onko minun ristiinnaulittava teidän kuninkaanne?" Ylipapit vastasivat: "Ei meillä ole kuningasta, vaan keisari."

16. Silloin hän luovutti hänet heille ja antoi ristiinnaulittavaksi. Ja he ottivat Jeesuksen.

17. Ja kantaen itse omaa ristiänsä hän meni ulos niin sanotulle Pääkallonpaikalle, jota kutsutaan hebreankielellä Golgataksi.

18. Siellä he hänet ristiinnaulitsivat ja hänen kanssaan kaksi muuta, yhden kummallekin puolelle, ja Jeesuksen keskelle.

19. Ja Pilatus kirjoitti myös päällekirjoituksen ja kiinnitti sen ristiin; ja se oli näin kirjoitettu: "Jeesus Nasaretilainen, juutalaisten kuningas."

20. Tämän päällekirjoituksen lukivat monet juutalaiset, sillä paikka, jossa Jeesus ristiinnaulittiin, oli lähellä kaupunkia; ja se oli kirjoitettu hebreaksi, latinaksi ja kreikaksi.

21. Niin juutalaisten ylipapit sanoivat Pilatukselle: "Älä kirjoita: 'Juutalaisten kuningas', vaan että hän on sanonut: 'Minä olen juutalaisten kuningas.'"

22. Pilatus vastasi: "Minkä minä kirjoitin, sen minä kirjoitin."

23. Kun sotamiehet olivat ristiinnaulinneet Jeesuksen, ottivat he hänen vaatteensa ja jakoivat ne neljään osaan, kullekin sotamiehelle osansa, sekä ihokkaan. Mutta ihokas oli saumaton, kauttaaltaan ylhäältä asti kudottu.

24. Sen tähden he sanoivat toisillensa: "Älkäämme leikatko sitä rikki, vaan heittäkäämme siitä arpaa, kenen se on oleva"; että tämä kirjoitus kävisi toteen: "He jakoivat keskenänsä minun vaatteeni ja heittivät minun puvustani arpaa." Ja sotamiehet tekivät niin.

25. Mutta Jeesuksen ristin ääressä seisoivat hänen äitinsä ja hänen äitinsä sisar ja Maria, Kloopaan vaimo, ja Maria Magdaleena.

26. Kun Jeesus näki äitinsä ja sen opetuslapsen, jota hän rakasti, seisovan

siinä vieressä, sanoi hän äidillensä: "Vaimo, katso, poikasi!"

27. Sitten hän sanoi opetuslapselle: "Katso, äitisi!" Ja siitä hetkestä opetuslapsi otti hänet kotiinsa.

28. Sen jälkeen, kun Jeesus tiesi, että kaikki jo oli täytetty, sanoi hän, että kirjoitus kävisi toteen: "Minun on jano."

29. Siinä oli astia, hapanviiniä täynnä; niin he täyttivät sillä hapanviinillä sienen ja panivat sen isoppikorren päähän ja ojensivat sen hänen suunsa eteen.

30. Kun nyt Jeesus oli ottanut hapanviinin, sanoi hän: "Se on täytetty", ja kallisti päänsä ja antoi henkensä.

31. Koska silloin oli valmistuspäivä, niin - etteivät ruumiit jäisi ristille sapatiksi, sillä se sapatinpäivä oli suuri - juutalaiset pyysivät Pilatukselta, että ristiinnaulittujen sääriluut rikottaisiin ja ruumiit otettaisiin alas.

32. Niin sotamiehet tulivat ja rikkoivat sääriluut ensin toiselta ja sitten toiselta hänen kanssaan ristiinnaulitulta.

33. Mutta kun he tulivat Jeesuksen luo ja näkivät hänet jo kuolleeksi, eivät he rikkoneet hänen luitaan,

34. vaan yksi sotamiehistä puhkaisi keihäällä hänen kylkensä, ja heti vuoti siitä verta ja vettä.

35. Ja joka sen näki, on sen todistanut, ja hänen todistuksensa on tosi, ja hän tietää totta puhuvansa, että tekin uskoisitte.

36. Sillä tämä tapahtui, että kirjoitus kävisi toteen: "Älköön häneltä luuta rikottako."

37. Ja vielä sanoo toinen kirjoitus: "He luovat katseensa häneen, jonka he ovat lävistäneet."

38. Mutta sen jälkeen Joosef, arimatialainen, joka oli Jeesuksen opetuslapsi, vaikka salaa, juutalaisten pelosta, pyysi Pilatukselta saada ottaa Jeesuksen ruumiin; ja Pilatus myöntyi siihen. Niin hän tuli ja otti Jeesuksen ruumiin.

39. Tuli myös Nikodeemus, joka ensi kerran oli yöllä tullut Jeesuksen tykö, ja toi mirhan ja aloen seosta noin sata naulaa.

40. Niin he ottivat Jeesuksen ruumiin ja käärivät sen hyvänhajuisten yrttien kanssa

käärinliinoihin, niin kuin juutalaisilla on tapana haudata.

41. Ja sillä paikalla, missä hänet ristiinnaulittiin, oli puutarha, ja puutarhassa uusi hauta, johon ei vielä oltu ketään pantu.

42. Siihen he nyt panivat Jeesuksen, koska oli juutalaisten valmistuspäivä ja se hauta oli lähellä.

LUKU 20

1. Mutta viikon ensimmäisenä päivänä Maria Magdaleena meni varhain, kun vielä oli pimeä, haudalle ja näki kiven otetuksi pois haudan suulta.

2. Niin hän riensi pois ja tuli Simon Pietarin luo ja sen toisen opetuslapsen luo, joka oli Jeesukselle rakas, ja sanoi heille: "Ovat ottaneet Herran pois haudasta, emmekä tiedä, mihin ovat hänet panneet."

3. Niin Pietari ja se toinen opetuslapsi lähtivät ja menivät haudalle.

4. Ja he juoksivat molemmat yhdessä; mutta se toinen opetuslapsi juoksi edellä, nopeammin kuin Pietari, ja saapui ensin haudalle.

5. Ja kun hän kurkisti sisään, näki hän käärinliinat siellä; kuitenkaan hän ei mennyt sisälle.

6. Niin Simon Pietarikin tuli hänen perässään ja meni sisälle hautaan ja näki käärinliinat siellä

7. ja hikiliinan, joka oli ollut hänen päässään, ei pantuna yhteen käärinliinojen kanssa,

vaan toiseen paikkaan erikseen kokoon käärittynä.

8. Silloin toinenkin opetuslapsi, joka ensimmäisenä oli tullut haudalle, meni sisään ja näki ja uskoi.

9. Sillä he eivät vielä ymmärtäneet Raamattua, että hän oli kuolleista nouseva.

10. Niin opetuslapset menivät takaisin kotiinsa.

11. Mutta Maria seisoi haudan edessä ulkopuolella ja itki. Kun hän näin itki, kurkisti hän hautaan

12. ja näki kaksi enkeliä valkeissa vaatteissa istuvan, toisen pääpuolessa ja toisen jalkapuolessa, siinä, missä Jeesuksen ruumis oli maannut.

13. Nämä sanoivat hänelle: "Vaimo, mitä itket?" Hän sanoi heille: "Ovat ottaneet pois minun Herrani, enkä tiedä, mihin ovat hänet panneet."

14. Tämän sanottuaan hän kääntyi taaksepäin ja näki Jeesuksen siinä seisovan, eikä tiennyt, että se oli Jeesus.

15. Jeesus sanoi hänelle: "Vaimo, mitä itket? Ketä etsit?" Tämä luuli häntä puutarhuriksi ja sanoi hänelle: "Herra, jos sinä olet kantanut hänet pois, sano minulle, mihin olet hänet pannut, niin minä otan hänet."

16. Jeesus sanoi hänelle: "Maria!" Tämä kääntyi ja sanoi hänelle hebreankielellä: "Rabbuuni!" se on: opettaja.

17. Jeesus sanoi hänelle: "Älä minuun koske, sillä en minä ole vielä mennyt ylös Isäni tykö; mutta mene minun veljieni tykö ja sano heille, että minä menen ylös, minun Isäni tykö ja teidän Isänne tykö, ja minun Jumalani tykö ja teidän Jumalanne tykö."

18. Maria Magdaleena meni ja ilmoitti opetuslapsille, että hän oli nähnyt Herran ja että Herra oli hänelle näin sanonut.

19. Samana päivänä, viikon ensimmäisenä, myöhään illalla, kun opetuslapset olivat koolla lukittujen ovien takana, juutalaisten pelosta, tuli Jeesus ja seisoi heidän keskellään ja sanoi heille: "Rauha teille!"

20. Ja sen sanottuaan hän näytti heille kätensä ja kylkensä. Niin opetuslapset iloitsivat nähdessään Herran.

21. Niin Jeesus sanoi heille jälleen: "Rauha teille! Niin kuin Isä on lähettänyt minut, niin lähetän minäkin teidät."

22. Ja tämän sanottuaan hän puhalsi heidän päällensä ja sanoi heille: "Ottakaa Pyhä Henki.

23. Joiden synnit te anteeksi annatte, niille ne ovat anteeksi annetut; joiden synnit te pidätätte, niille ne ovat pidätetyt."

24. Mutta Tuomas, jota sanottiin Didymukseksi, yksi niistä kahdestatoista, ei ollut heidän kanssansa, kun Jeesus tuli.

25. Niin muut opetuslapset sanoivat hänelle: "Me näimme Herran." Mutta hän sanoi heille: "Ellen näe hänen käsissään naulojen jälkiä ja pistä sormeani naulojen sijoihin ja pistä kättäni hänen kylkeensä, en minä usko."

26. Ja kahdeksan päivän perästä hänen opetuslapsensa taas olivat huoneessa, ja Tuomas oli heidän kanssansa. Niin Jeesus tuli, ovien ollessa lukittuina, ja seisoi heidän keskellään ja sanoi: "Rauha teille!"

27. Sitten hän sanoi Tuomaalle: "Ojenna sormesi tänne ja katso minun käsiäni, ja

ojenna kätesi ja pistä se minun kylkeeni, äläkä ole epäuskoinen, vaan uskovainen."

28. Tuomas vastasi ja sanoi hänelle: "Minun Herrani ja minun Jumalani!"

29. Jeesus sanoi hänelle: "Sen tähden, että minut näit, sinä uskot. Autuaat ne, jotka eivät näe ja kuitenkin uskovat!"

30. Paljon muitakin tunnustekoja, joita ei ole kirjoitettu tähän kirjaan, Jeesus teki opetuslastensa nähden;

31. **mutta nämä ovat kirjoitetut, että te uskoisitte, että Jeesus on Kristus, Jumalan Poika, ja että teillä uskon kautta olisi elämä hänen nimessänsä.**

LUKU 21

1. Sen jälkeen Jeesus taas ilmestyi opetuslapsilleen Tiberiaan järven rannalla; ja hän ilmestyi näin:

2. Simon Pietari ja Tuomas, jota sanottiin Didymukseksi, ja Natanael, joka oli Galilean Kaanasta, ja Sebedeuksen pojat sekä kaksi muuta hänen opetuslapsistaan olivat yhdessä.

3. Simon Pietari sanoi heille: "Minä menen kalaan." He sanoivat hänelle: "Me lähdemme myös sinun kanssasi." Niin he lähtivät ja astuivat venheeseen; mutta eivät sinä yönä saaneet mitään.

4. Ja kun jo oli aamu, seisoi Jeesus rannalla. Opetuslapset eivät kuitenkaan tienneet, että se oli Jeesus.

5. Niin Jeesus sanoi heille: "Lapset, onko teillä mitään syötävää?" He vastasivat hänelle: "Ei ole."

6. Hän sanoi heille: "Heittäkää verkko oikealle puolelle venhettä, niin saatte." He heittivät verkon, mutta eivät jaksaneet vetää sitä ylös kalojen paljouden tähden.

7. Silloin se opetuslapsi, jota Jeesus rakasti, sanoi Pietarille: "Se on Herra." Kun Simon Pietari kuuli, että se oli Herra, vyötti hän vaippansa ympärilleen, sillä hän oli ilman vaatteita, ja heittäytyi järveen.

8. Mutta muut opetuslapset tulivat venheellä ja vetivät perässään verkkoa kaloineen, sillä he eivät olleet maasta kauempana kuin noin kahdensadan kyynärän päässä.

9. Kun he astuivat maalle, näkivät he siellä hiilloksen ja kalan pantuna sen päälle, sekä leipää.

10. Jeesus sanoi heille: "Tuokaa tänne niitä kaloja, joita nyt saitte."

11. Niin Simon Pietari astui venheeseen ja veti maalle verkon, täynnä suuria kaloja, sata viisikymmentä kolme. Ja vaikka niitä oli niin paljon, ei verkko revennyt.

12. Jeesus sanoi heille: "Tulkaa einehtimään." Mutta ei kukaan opetuslapsista uskaltanut kysyä häneltä: "Kuka sinä olet?", koska he tiesivät, että se oli Herra.

13. Niin Jeesus meni ja otti leivän ja antoi heille, ja samoin kalan.

14. Tämä oli jo kolmas kerta, jolloin Jeesus noustuaan kuolleista ilmestyi opetuslapsillensa.

15. Kun he olivat einehtineet, sanoi Jeesus Simon Pietarille: "Simon, Johanneksen poika, rakastatko sinä minua enemmän kuin nämä?" Hän vastasi hänelle: "Rakastan, Herra; sinä tiedät, että olet minulle rakas." Hän sanoi hänelle: "Ruoki minun karitsoitani."

16. Hän sanoi hänelle taas toistamiseen: "Simon, Johanneksen poika, rakastatko minua?" Hän vastasi hänelle: "Rakastan, Herra; sinä tiedät, että olet minulle rakas." Hän sanoi hänelle: "Kaitse minun lampaitani."

17. Hän sanoi hänelle kolmannen kerran: "Simon, Johanneksen poika, olenko minä sinulle rakas?" Pietari tuli murheelliseksi siitä, että hän kolmannen kerran sanoi hänelle: "Olenko minä sinulle rakas?" ja vastasi hänelle: "Herra, sinä tiedät kaikki; sinä tiedät, että olet minulle rakas." Jeesus sanoi hänelle: "Ruoki minun lampaitani.

18. Totisesti, totisesti minä sanon sinulle: kun olit nuori, niin sinä vyötit itsesi ja kuljit, minne tahdoit; mutta kun vanhenet, niin sinä ojennat kätesi, ja sinut vyöttää toinen ja vie sinut, minne et tahdo."

19. Mutta sen hän sanoi antaakseen tietää, minkä kaltaisella kuolemalla Pietari oli kirkastava Jumalaa. Ja tämän sanottuaan hän lausui hänelle: "Seuraa minua."

20. Niin Pietari kääntyi ja näki sen opetuslapsen seuraavan, jota Jeesus rakasti ja joka myös oli aterioitaessa nojannut hänen rintaansa vasten ja sanonut: "Herra, kuka on sinun kavaltajasi?"

21. Kun Pietari hänet näki, sanoi hän Jeesukselle: "Herra, kuinka sitten tämän käy?"

22. Jeesus sanoi hänelle: "Jos minä tahtoisin, että hän jää tänne siihen asti, kunnes minä tulen, mitä se sinuun koskee? Seuraa sinä minua."

23. Niin semmoinen puhe levisi veljien keskuuteen, ettei se opetuslapsi kuole; mutta ei Jeesus sanonut hänelle, ettei hän kuole, vaan: "Jos minä tahtoisin, että hän jää

tänne siihen asti, kunnes minä tulen, mitä se sinuun koskee?"

24. Tämä on se opetuslapsi, joka todistaa näistä ja on nämä kirjoittanut; ja me tiedämme, että hänen todistuksensa on tosi.

25. On paljon muutakin, mitä Jeesus teki; ja jos se kohta kohdalta kirjoitettaisiin, luulen, etteivät koko maailmaan mahtuisi ne kirjat, jotka pitäisi kirjoittaa.

Loppusanat

Johanneksen evankeliumissa oli alleviivattuna kohdat, joissa kerrotaan Pyhästä Hengestä, sillä on hyvin tärkeää pyytää Jumalalta Pyhää Henkeä, jonka myös apostoli Paavali piti hyvin tärkeänä:

Kun Apollos oli Korintossa, tuli Paavali, kuljettuaan läpi ylämaakuntien, Efesoon ja tapasi siellä muutamia opetuslapsia.
Ja hän sanoi heille: "Saitteko Pyhän Hengen silloin, kun te tulitte uskoon?" Niin he sanoivat hänelle: "Emme ole edes kuulleet, että Pyhää Henkeä on olemassakaan".

Ja hän sanoi: "Millä kasteella te sitten olette kastetut?" He vastasivat: "Johanneksen kasteella".
Niin Paavali sanoi: "Johannes kastoi parannuksen kasteella, kehoittaen kansaa uskomaan häneen, joka oli tuleva hänen jälkeensä, se on, Jeesukseen".
Sen kuultuaan he ottivat kasteen Herran Jeesuksen nimeen.

Ja kun Paavali pani kätensä heidän
päälleen, tuli heidän päällensä Pyhä Henki,
ja he puhuivat kielillä ja ennustivat.
(Apt.19:1-6)
Siksi voit pyytää sitä esimerkiksi näin:

"Herra Jeesus kasta minut Pyhässä
Hengessä, tässä ja nyt."
Ja kiitä Jumalaa Pyhän Hengen lahjasta

Minulle se tapahtui 24.3.1975 kun eräässä
asunnossa, Helsingin Kalliossa, kun
saarnaaja Eero Sopanen laittoi kätensä
pääni päälle, johdatti minut rukoilemaan
seuraavan rukouksen:

"Rakas Jeesus, anna kaikki syntini anteeksi,
minä luovutan koko elämäni sinulle, kiitos."
Sen jälkeen hän kehotti minua kiittämään
Jumalaa, ja kun niin tein, tapahtui että
Jumalan Pyhä Henki täytti minut ja aloin
puhumaan tuntemattomalla kielellä.

Voi myös rukoilla vaikka seuraavasti:

"Jeesus Kristus anna minulle Pyhän Hengen lahja, minä vastaanotan Pyhän Hengen lahjan tässä ja nyt, kiitos, kiitos"

Jatka rukouksessa kiittämistä ääneen niin Pyhä Henki voi antaa sinulle puhuttavaa eri kielillä.

"Sillä kielillä puhuva ei puhu ihmisille vaan Jumalalle" (1 Kor.14:2)

Mene kristittyjen yhteyteen joita nämä merkit seuraavat:

Ja nämä merkit seuraavat niitä, jotka uskovat: **minun nimessäni** *he ajavat ulos riivaajia, puhuvat uusilla kielillä, nostavat käsin käärmeitä, ja jos he juovat jotakin kuolettavaa, ei se heitä vahingoita; he panevat kätensä sairasten päälle, ja ne tulevat terveiksi." (Mar.16:17-18)*

Lataa internetistä Raamattu tai osta kaupasta ja lue ahkerasti, niin opit tuntemaan Jumalaa, ja pysyt uskossa.

En voi kyllin alleviivata sitä kuinka tärkeää on itse lukea Jumalan Sanaa, Raamattua.

Raamattu ei ole vain "kirja" vaan, Jumalan Sanaa, jossa on yliluonnollinen vaikutus. Jos mahdollista niin kannattaa päivittäin lukea sitä, niin usko saa runsaasti kasvaa.

Jumalan sanat ovat lääke koko meidän ruumiillemme, Jeesus sanoi:

Henki on se, joka eläväksi tekee; ei liha mitään hyödytä. **Ne sanat, jotka minä olen teille puhunut, ovat henki ja ovat elämä.** *(Joh. 6:63)*

Pyrkikää sentähden, veljet, sitä enemmän kutsumisenne ja valitsemisenne lujaksi; **sillä jos sen teette, ette koskaan lankea;** *(2 Piet. 1:10)*

www.ingramcontent.com/pod-product-compliance
Lightning Source LLC
Chambersburg PA
CBHW061727020426
42331CB00006B/1136